失われた大和のユダヤ王国

中原和人 Kazuto Nakahara
松重楊江 Yoko Matsushige

たま出版

中原和人氏の突然の逝去を悼む
～まえがきに代えて～

松重楊江

顧みれば、それは二〇〇二年（平成十四年）五月のことであった。突然、山口県柳井市の拙宅に東京から生体科学研究所所長の中原和人氏が来訪された。その目的は、「鹿島史学」研究のため、〝タッグチーム〟を組むことであった。無論、私に異論はなく、爾来《じらい》、二人の深い交流が始まった。

まず、鹿島曻氏の偉業を讃える本を出版することになり、二〇〇三年十一月、『日本史のタブーに挑んだ男』（たま出版）が出版された。

その後、

『封印された古代日本のユダヤ』（二〇〇四年十二月）
『教科書には絶対書かれない古代史の真相』（二〇〇五年四月））
『検証！　捏造《ねつぞう》の日本史』（二〇〇六年十一月）
『二人で一人の明治天皇』（二〇〇七年一月）

と、数々の本がたま出版より刊行され、年を追うごとに鹿島曻の名前とその功績が世に広く知られるようになった。

ところで、中原氏には、「なかよし文化倶楽部《くらぶ》」という、氏の活動を支援する人たちが集うサークルがある。古代史の史跡を訪ねる旅行をはじめ、年二回の講演などを行っているが、二〇〇七年十二月八日も、両国の江戸東京博物館において講演会が催され、中原氏の講演の後、私がお話しした。参加者も多く、講演会に続いて忘年会を行ったが、このあたりから中原氏と私に、微妙な感情線の変化が起こっていたのではないかと思う。その理由は、氏が亡くなった今も判然としないが、翌九日の夜、急に私が「今から山口に帰る」と言い出して息子夫婦を困らせた。いわゆる「切れた」のであろうが、どうもその時の心理の綾は私自身にもよく分からない。

すると、帰省したのちの十二月十四日、「なかよし文化倶楽部」の代表者で弁護士の中吉《なかよし》氏から、中原氏急逝の電話が入った。あまりに突然のことで、私としては言葉を失うしかなかった。もしかしたら、最後にお目にかかった時に起きた私と中原氏の感情線の変化は、何か大事なことを告げようとしていた〝虫の知らせ〟のようなものだったのかもしれない。

ただ、幸いにも本書のための中原氏の原稿はすでに八割方は出来上がっていたので、たま出版の中村専務と話し合い、氏の原稿を私が最終的に整理することになった。

本書は、その意味でまさに中原氏の遺作となるものである。私としてはつらい作業となったが、氏の志を継ぐために、全身全霊を込めて仕上げたつもりである。

中原氏は、余人には代えがたい能力を持った人物であった。その代表的なものが、氏が独自に編み出した「筋収縮力テスト法」である。「筋収縮力テスト法」というのは、波動の共鳴現象に基づいた歴史の検証方法で、これによって、従来諸説があって確定できないようなことがはっきりと検証・考察できるようになった。

中原氏は、『封印された古代日本のユダヤ』の中で、この筋収縮力テスト法について次のように述べている。

「私は、考古学における年代測定法、すなわち放射性炭素14C年代測定法、フィッション・トラック法、熱ルミネッセンス法の次に来るのが、筋収縮力テスト法であるに違いないと思っています。それは、ほかの測定法による成果に支えられながら、また裏付けられながら、その精度を高度化させていけるに違いないと思うからです」

また、氏は同著の中で次のようにも述べている。

「筋収縮力テスト法は、この宇宙空間のなかに、あるいは水とか遺伝子とかに記憶保存性があって、それらに全体の記録が内包されているという、ホログラフィックな構造にこの宇宙がなっているからこそ可能なことだと思っています」

独自の理論と類まれな能力を持ちながら、突然天に召されてしまった中原和人氏。その冥福を祈りつつ、氏の遺志が一人でも多くの読者に伝わることを願ってやまない。

失われた大和のユダヤ王国

目次

第3部　歴史の真実を考える

第1部

古代大和の「ユダヤ王国」へ至る道

中原和人

真実の歴史を求めて

従来の東洋史（中国史・朝鮮史・日本史）にはフィクションが多く、例えば、司馬遷の『史記』がその最たるものである（鹿島曻著『歴史捏造の歴史①』参照）。

ところが、中国人は長い間、その虚構の歴史を「本当の歴史」と思い込んで人々を教育し、外国人にもそれを「中華の歴史」として強要してきた。そのため、日本史も朝鮮史も、さらには他の東洋史もすべてそれに影響されて、壮大な「偽史」体系となっている。専門家と称する歴史家も、各大学の先生方も、果ては漢学者という儒家でさえも、その「偽史体系」を鵜呑みにして詩経・史学を論じ、人々に教えてきた。無論、神学者や宗教家も同じである。

このような「偽史」の連鎖は一日も早く断ち切らねばならないと真剣に考えたわれわれは、これまで数々の本を出版して啓蒙活動を行ってきた。そして、その活動を通して以下のような真実を明らかにしてきた。

① 約一千万年前の類人猿の誕生から、猿人→原人→旧人→新人への進化の過程を明らかにし、新人（現代人類）たちの進化の流れを公表した。

② 約一万二千年前のビュルム氷期終焉《しゅうえん》時に起きた「大洪水」の実態を明らかにして、失われた前文明、いわゆる「ムー文明」がインドネシアの「スンダ大陸」にあった史実を明ら

かにした。

③「大洪水」以後、東南アジアのメコン河流域に興った「バンチェン文明」が西洋史のシュメール文明に移植され、さらにバンチェン王国の移民団である「マヤ人」が新文明を世界各地に移植して、これが「世界五大文明」発生の根源となったことを明らかにした。

④前四世紀、そのシュメール文明（バビロン文明）がＵターンして東洋史に影響を与え、「鹿島史学」が解明したような真の中国史・朝鮮史・日本史が創られていったことを明らかにした。

こうした流れの中で、これまで解明されていなかった国史の部分があった。それは、日本歴史の中心とされてきた「大和＝奈良盆地」の歴史である。

本書では、新たに判明したことを中心に、この「大和＝奈良盆地」の歴史の真実に迫ってみたいと思う。

縄文時代、奈良盆地は湖沼だった

最初に港川人が沖縄から渡来した

現在「奈良盆地」と言っている場所は、縄文人がやって来た時は盆地ではなく、琵琶湖ほどの大きな湖沼だった。その中に半島的にわずかに見えていたのが、三輪山とか大和三山（畝傍《うねび》山《やま》、天香具山《あめのかぐやま》、耳成山《みみなしやま》）のような島的に存在していた低い小山地帯で、奈良は縄文時代後期まで現在とは異なる地勢を保っていた。

紀元前六〇〇〇年頃、沖縄の港川人《みなとがわ》が奈良の地に渡来した。新石器文化を携えて渡来した港川人は、湖沼の畔《ほとり》にある竪穴式住居に定住してコロニーをつくった。自然物の採取だけでなく、根菜農耕およびヒエ・アワ・キビなどの雑穀栽培を行い、併せて狩猟・漁労などによって生活していたようだ。

現在の間氷期よりも気温が高かった当時、湖中の島であった三輪山周辺に、現在も縄文時代の遺跡やピラミッド・巨石文化の遺跡が多く存在しているが、これは港川人たちが三輪山を御神体（アニミズム信仰／「大洪水」以後の山岳宗教・リンガ崇拝の対象）として敬っていたからであろう。

三輪山と天香具山（人工的に作った聖地）を含む大和三山の関係は、畝傍山と天香具山との距離が三・一キロメートル、畝傍山と耳成山との距離が三・二キロメートル、耳成山と天香具

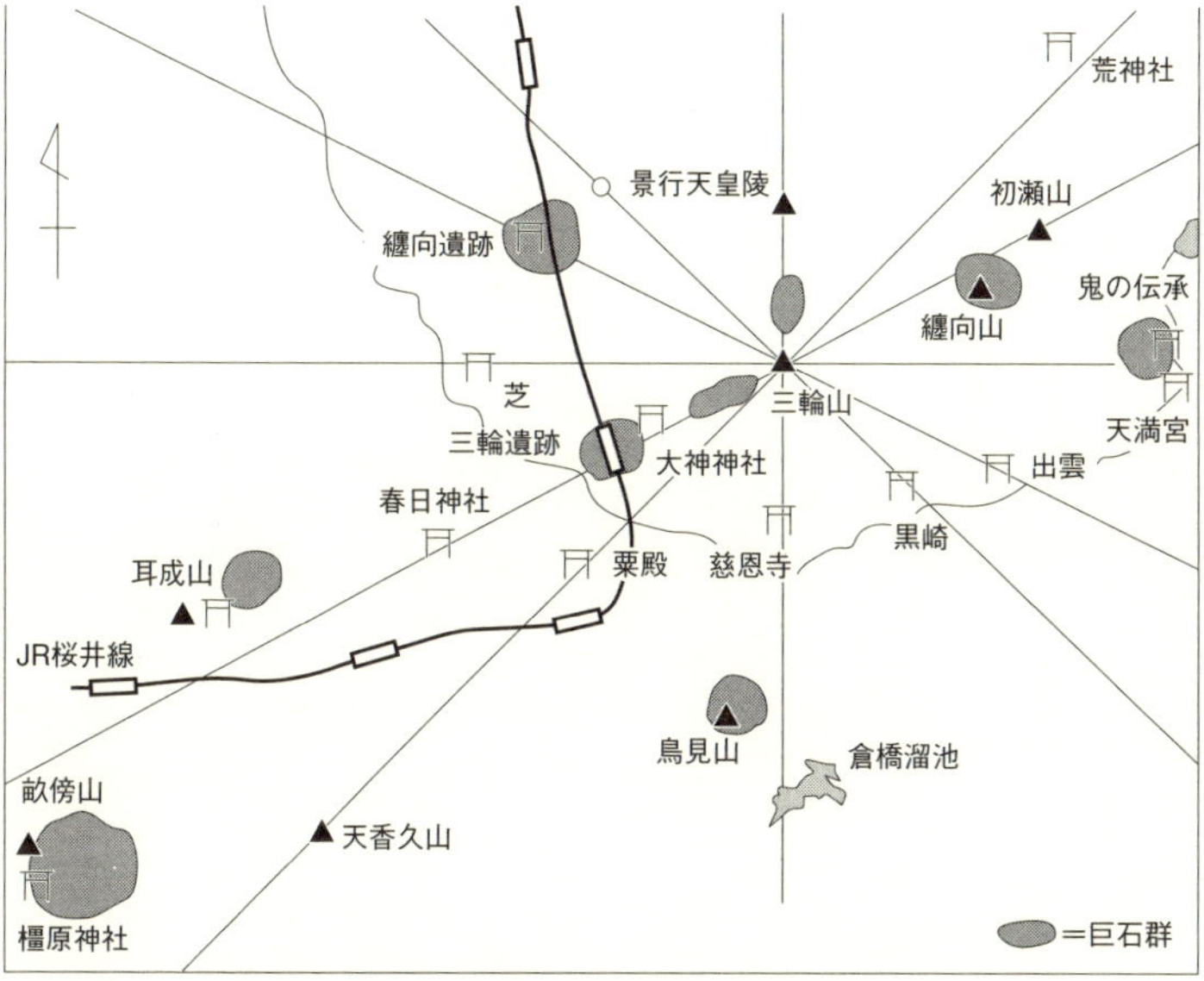

▲縄文遺跡と三輪山の位置関係（鈴木旭氏作成）

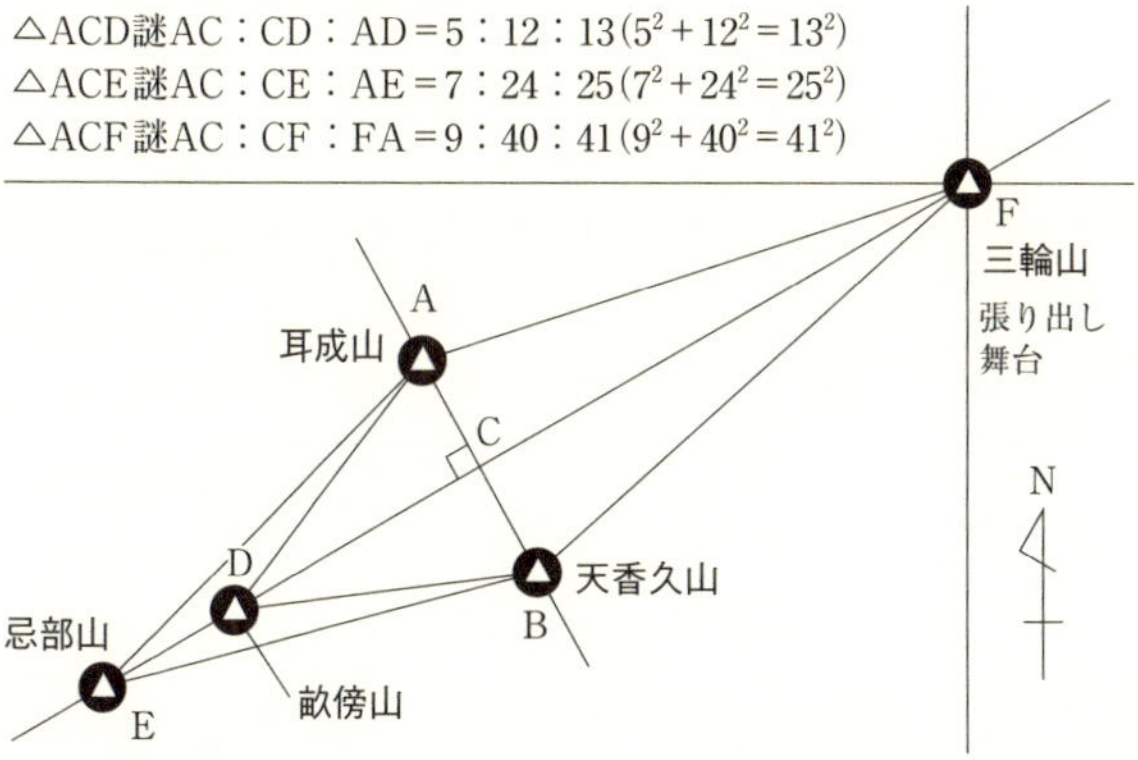

▲ピタゴラスの定理に適った三輪山と大和三山の位置関係（渡辺豊和氏作成）

山との距離が二・五キロメートルであり、ちょうど二等辺三角形を形作っている。三輪山と畝傍山を結ぶとその距離は十三・五キロメートルだが、この線が冬至の「日の入り」に当たる線になっている。そういう点で、縄文人（港川人・オロッコ人・アイヌ族）というのは、われわれ以上に「日の出・日の入り」といった天体観測を非常に詳しくやっていたと思われる。特に港川人は、一万二千年前の「大洪水」以後の航海の際、天体観測を基にして日本にやって来た種族であり、ピラミッド造りもその文化思考の表れだと考えられる。当時の三輪山を中心とした場所に縄文の遺跡がいろいろ残っていて、雑穀栽培農耕も行われていた跡が残っている。

彼らの宗教というのは、蛇信仰といったものもあったが、基本的には自然の中に神を見たりするアニミズムの形態であった。彼らにとって山というものが一つの「ご神体」であるという、非常に素朴な信仰であったと思われる。

三輪山の縄文人は、山とか蛇とか自然の中に神を見ながら生活していたが、弥生時代に入ると、水田稲作文化を携えた苗族《ミャオ》らが渡来して、広い湖沼は次第に埋め立てられて盆地へと姿を変えていった。

「奈良」という地名の起こり

縄文時代には「奈良」という地名はなかった。

第二次世界大戦後、ダグラス・マッカーサー元帥が率いる連合軍総司令部（ＧＨＱ）が日本に進駐してきたように、六六三年（天智二年）、白村江《はくすきのえ》の戦で唐・新羅の連合軍は百済を復興させようとした倭国（および秦王国）を滅ぼし、日本列島に入って来て奈良に政権をつくった。

この倭国敗北後の占領支配が行われていく中で、韓国の言葉でいう「国＝ナラ」が「奈良」になったのである。われわれには「奈良」という言葉の意味がさっぱり分からないが、朝鮮半島に住む人は皆、「ウリナラ＝われわれの国」ということを知っている。後から付けた名前でいえばイメージがわくから「奈良盆地」といっているのであって、縄文人が来た時に「奈良」とか「奈良盆地」という名称があったわけではない。

「蛇信仰」に関連して

蛇というものについて昔の人々は独特な考え方を持っており、人間の領域と蛇の領域とは全く別で、蛇の領域を侵すといろいろな害を受けるけれども、それをわきまえていれば蛇がわれわれを守ってくれると考えていた。こういったものが『古事記』や『日本書紀』、いわゆる「記紀」に反映されて出来た話が、活玉依毘売《いくたまよりひめ》の説話である。

活玉依毘売という美しい姫がいて、姫が急に身ごもったので、両親は驚き姫に尋ねると、「名も知らぬ美しい若者が通ってきて、夜々を共に過ごすうちに身ごもりました」と答えた。両親は身許を知りたいと思い、姫に「赤土を部屋に撒いて邪悪を祓《はら》いなさい。そして、麻糸を針に通して男の着物の裾に刺すのです」と教えた。その夜、姫は両親に教えられたとおり男の着物の裾に針を刺した。夜が明け、男の姿は消えたが、麻糸をたどっていくと三輪山に辿りついた。

その男の正体は三輪山の蛇神で大物主命《おおものぬしのみこと》であった。

この物語は、今から見ると幼稚といえば非常に幼稚な物語である。しかしながら、ここには人間も動物も対等であるという形式が取り込まれており、おそらく縄文時代の話ではないかという見方も可能かと思う。

これは「風土記」にも残っていて、大国主命《おおくにぬしのみこと》の話にも出てくる。大国主命は古代ユダヤのシメオン族なのだが、出雲に祀られている大国主命が全部シメオン族の大国主命かというと、そうではないようだ。かつて出雲には意宇郡《おうごおり》という「オウ」がつく場所があって、そこにあった意宇国《おうこく》の話というのが「記紀」の中で一緒に語られている。この意宇《おう》の神は、先に出雲に入っていた古代ユダヤのガド族の土地神らしいのだが、その神話には因幡《いなば》の白兎《しろうさぎ》の説話が出てくる。

淤岐島《おきのしま》から兎が気多岬《きたのみさき》を渡ろうとして海の和邇《わに》を騙したところ、毛皮を剥がされてしまった。その後、痛くて泣いている兎は通りかかった八十神《やそがみ》にも騙されてまたひどい目に遭っていたところ、大穴牟遅神《おおあなむちのかみ》（大国主命）がやってきて「蒲《がま》の花粉を採ってその上で寝れば治る」と言われたので実行したら、兎は元の体に戻った。

因幡の白兎の話では、まるでイソップ物語のように非常に寓話的に、また大国主命と兎が対等な立場で描かれているので、このワニだましの話や大国主命が兎を治してあげる話には相当古いものが入っていると思われる。

したがって、縄文時代の話と弥生時代の話と、二つの時代の話が交じり合っている可能性があるから、歴史を解き明かす上で十分に注意しなくてはいけない。

弥生文化の伝来

九州に製鉄文化が伝来し、殷文化圏へ供給を始めた

前一五〇〇年頃、ユダヤ人がオーナーになっていたタルシシ船隊がイスラエルの港を出発し、メコン河下流の要港であったオケオ港に至った。彼らはさらに日向灘→豊後水道を経て国東《くにさき》半島に達し、国東町重藤《しげふじ》の海岸に莫大な砂鉄の堆積《たいせき》層を発見して、「野タタラ」による製鉄所を築き上げた。この船隊はフェニキア人の手で運行され、エブス人と製鉄族のヒッタイト人は船員として、またワジャック人が奴隷として乗っていた。彼らは、先住民の港川人らに農業文化を教えながら奴隷として使役し、重藤の鍛鉄《たんてつ》製造所で武器や農器具類を製造した。そしてそれらを中国河南省にあった「殷文化圏」にも運び、エブス商人らが先住民との交易に支払う「貨幣」として活用したのである。

弥生式農業文化が九州へ伝来した

こうした情報がバンチェン王国に伝わると、シュメール人と苗族《ミャオ》の移民団がオケオ港や海南島からフェニキア人の船で出発し、金属文化を伴う水田稲作農業を携えて次々に渡来した。

こうして北九州に弥生文化が到来し、日本および朝鮮の「弥生文明」の時代が幕開いていったのである。

苗族千三百人が奈良盆地へ渡来した

前一〇〇〇年頃、バンチェン文明の植民者である苗族《ミャオ》千三百人が先遣隊の情報を得て立志し、大隈半島経由で奈良へ渡来した。金属文化を伴う彼らの水田稲作農業は、先住民にとって画期的な先進文化であった。苗族人は先住の港川人やツングース（アイヌ族）らと協力し、その労働力を駆使して広い湖沼を埋め立て、水田稲作農業を盛んにしていった。

こうして始まった奈良盆地の先進文化が中心となり、近畿地方をはじめ西日本および東日本のツングース（アイヌ族）やオロッコ人（労民）の文化圏にも弥生式農業文明が拡散していった。

その後、一千年にわたる弥生時代を経るうち、いつしか「大和《やまと》」と呼ばれるようになった奈良盆地および近畿地方に、苗族とツングースとの間の人種である津止三毛《つとみけ》族のクニが誕生したのである。

木花佐久夜毘売命の話

富士の浅間神社《せんげんじんじゃ》のご祭神は、一般には木花佐久夜毘売命《このはなさくやひめのみこと》となっているが、実はコノハナサクヤヒメではなく、キノハナサクヤヒメという読み方が正確だと思われる。この神は、「天孫降臨」の中では瓊瓊杵尊《ににぎのみこと》の女として出てくる。

ところが宮内庁が、宮崎県西都原《さいとばる》古墳群の中にある男狭穂塚《おさほづか》と女狭穂塚《めさほづか》の古墳をそれぞれ瓊岐尊《にぎのみこと》・木花佐久夜毘売命《このはなさくやひめのみこと》の陵墓に決定しているので、この話は九州の物語になってしまった。したがって、国史では、木花佐久夜毘売命が富士山に来たということではなくなっている。

しかしながら、今日、太郎や花子が全国にいるように、かつて木花佐久夜毘売命という名前は全国各地にあったのであって、それが後世、あちらこちらに行ったように書かれてしまった。つまり、同名異人が混在してしまい、同一人物として各風土記の中で使用されたのではないかと思われる。

また、『日本書紀』でも大国主命は歴史が全く異なるところで再登場するような描写もあるから、他でも十分注意しなくてはならない。

明らかになった「大和」の前史

秦王国とは何か

紀元前一世紀、奈良盆地にユダヤ人のコロニーがつくられ、それはやがて三世紀に秦王国《しんおうこく》となった。

この「秦王国」は、中国の始皇帝の秦が紀元前二〇六年に滅びたのち、その子孫たちが海を渡って日本へやって来て築いた国である。

司馬遷の『史記』には、秦の始皇帝は中国に昔からいた王族の子孫であるかのように書かれており、歴史偽造が行われたのだが、始皇帝は実は古代ユダヤ民族のシメオン族の血を汲んでいた。バクトリア知事であったディオドトスというのがその正体である。

彼は碧眼《へきがん》で、鷲鼻を持った男だった。秦の都であった西安付近から兵馬俑《へいばよう》が出土するが、その中からは漢民族が全く出てこない。兵馬俑の兵隊は一つ一つが見事なリアリズムで貫かれていて、一つの型から作られたというのではなく、一体一体が違うものである。日本にも何回か来ているので、見られた方もおられると思うが、これは漢民族といったものでは全くない。西方から来たペルシャ人の顔や姿をしているもので、単なる中国という狭い枠組みの中での解釈は成り立たない。

その西域人の流れを汲んだ人々が日本に渡来して築いたのが秦王国であり、彼らはシメオン族という古代ユダヤの一部族であった。その族長が国史でいう大国主命で、彼が九州に上陸してつくったのが委奴《いど》国というクニである。

江戸時代の一七八四年（天明四年）、福岡市志賀島の農民が畑から掘り出したということで有名な金印がある。これは、当時中国を治めていた後漢（二五年～二二〇年）の光武帝から「漢の倭の奴《な》の国王」印として授けられたものと一般には言われているが、博物館に展示してある実物をよく見ると、「倭」は人偏がない「委」になっている。だから、正しくは「漢の委奴《いど》国王」印であると思われる。

この委奴国の前に北九州の地にいたのが、ガド族の猿田彦命を中心としたグループの伊勢国であった。その伊勢国を攻め滅ぼして筑紫に樹立したのが委奴国である。

さらにいえば、扶余・百済系のイワレヒコ（神武天皇・扶余王仇台・高句麗王子罽須《けいす》）が遼東半島にいた公孫《こうそん》氏（古代ユダヤ系イッサカル族）と協力して、二一〇年〜二一三年大国主命の委奴国を滅ぼして二一四年に建てた国が、『魏志』倭人伝に出てくる伊都《いと》国である。

一方、公孫氏は宮崎県西都原を中心にして安羅《あら》国を建てた。公孫氏はイッサカル族系統の人々で、その族長は大物主命とか事代主命と呼ばれているが、イッサカル族というのは、ドイツのヒトラーの母方と同じ種族で、カール・マルクスも同じ流れの人である。そして、日本にやって来たイッサカル族公孫氏から出てきたのが、卑弥呼である。

さらに遡ると、九州の地において最初に国を建てたのが縄文人（港川人）で、次に三千五百年前にはシュメール人および苗族らが稲を持ってやって来た。その後、殷文化圏から渡来したのがエブス人（中臣氏）で、大分県宇佐を中心とした東表国をうち建てた。また、そこで行われたタタラ製鉄の担い手になったのがヒッタイト人（蘇我氏）である。それ以外にも、ユダヤ人たちがタルシシ船に乗ってやってきた。そして東表国が建てられてから、さらに年月が経って出来たのが伊勢国というわけである。

このように、九州にしろ出雲にしろ、幾度にもわたってさまざまな部族や民族が入れ替わり立ち代わり支配しているのに、この点を明確にせず一つのものとして解釈されているのが、残念ながら今の歴史学の現状である。

猿田彦命が九州へ渡来して「伊勢国」を建てた

対馬「高天原」の由来

前二一三年、秦始皇帝による焚書坑儒《ふんしょこうじゅ》事件が起こった。

この時、多くの王族や儒者達を殺された魯人《ろじん》ガド族らの遺民（孔子・孟子の子孫たち）は、奇子《きし》朝鮮を頼って遼東へ逃れた。やがて彼らは、イスラエル北朝系からユダヤ南朝系に変身し、燕王公孫氏（南朝系イッサカル族）の一部勢力と連合して前九〇年頃から移動を再開。朝鮮半島を西岸寄りに南下して対馬浅茅《あそう》湾に至ると、豊玉町仁位《にい》の「和ノ宮」と呼ばれる一帯に滞留した。そして、彼らはこの地を、かつての亡命地であるイラン高原の〝タガーマのハラン〟に因んで対馬の「高天原《たかまがはら》」と称し、日本列島への前進基地としたのである。

昔、対馬は一つの島だった

現在の対馬は北島と南島に分かれているが、それは江戸時代の初め、領主宗家が岩盤（対馬は全島が岩盤の島）を掘削して造った幅百十メートルの水路開通によるもので、古代は陸続きの一つの島であった。

北島と南島の真ん中にあるリアス式の美しい浅茅湾《あそう》（地元民の呼び名）は、どんなに台風が吹き荒れても波穏やかで、船の避難場所として最適の港湾である。そのため、北方や西方からこの浅茅湾に着いた船は、各自が定宿《じょうやど》にしている港に停泊した。そして、東の海に抜ける際には、小舟は小船越《こふなこし》で担いで越し、大船は大船越《おおふなこし》でコロを使って大勢で押して越した。そのため、地元民はその仕事で潤っていたという。

浅茅湾の「和多都美神社」

浅茅《あそう》湾内にある豊玉町仁位《にい》の和多都美《わだつみ》神社の鳥居は、海中に建てられている。おそらく、湾内に入った海人たちが船上から拝めるようにしたものであろう。境内には「玉の井」または「天《あめ》の真名井《まない》」と呼ばれる聖なる「井戸」があって、地元の人たちはここを「海幸・山幸」神話の発祥地として敬っている。参道の左側には、「磯良《いそら》の墳石」と呼ばれる岩頭が注連縄《しめなわ》で囲ってある。今は社前の海岸を道路が通っているが、それ以前は、満ち潮になると波に隠れていた怪奇な巨石が現れたという。

八幡宮「放生会」神事の起こり

八幡宮「放生会」神事の起こりは、全国八幡宮の古神事「放生会《ほうじょうえ》」の秘儀〝筑紫舞《つくしまい》〟を演じる海神（海中から顕われたという磯良《いそら》）の「精霊」だったのかもしれない。

すなわち、この墳石は北九州宇佐市寄藻川《よりもがわ》河口の浮殿《うきでん》で、約三千年前から毎年八月十五日に行われている宇佐八幡宮放生会《ほうじょうえ》に奉納される筑紫舞＝傀儡子《くぐつ》の細男舞《せいのおまい》に顕われる「安曇磯良《あずみのいそら》」という海神（精霊）の原像とも考えられるのである（鈴鹿千代乃著『神道民俗芸能の源流』国書刊行会参照）。

天照神社の創建と「天孫降臨」物語の始まり

ガド族は、紀元前十世紀以降のウラルトゥ（ウガヤ王朝）時代からの歴史を「高天原の由来」として、ホツマ文字（神代《かみよ》文字ともいう）で書かれた「秀真伝《ほつまつたえ》」、カスガ文字で書かれた「三笠紀《みかさふみ》」など、五七調の叙事詩として語り伝えながら、シルクロードを東遷して中国→朝鮮→玄海灘（対馬）へと到った。彼らは、小船越に阿麻氏留《あまてる》神社（天照《あまてる》神社）を建立して、日本列島各地へ移住する前進基地＝「対馬高天原」の本営としたものである。

阿麻氏留神《あまてるのかみ》はウラルトゥ王国初代・天照大神《あまてるおおかみ》と同名であるから、ウガヤ王朝ゆかりのイスラエル八部族の亡命者たちはこの地（和ノ宮一帯）を第二の「タガーマのハラン」＝対馬の高天原と看做《みな》していたのである。

こうして、この対馬仁位の高天原を舞台に、「記紀」の「天孫降臨」物語が創られていったと思われる。

阿麻氏留神社（天照神社）は現在、神官（宮司）不在となっているが、別に旧《ふる》い相殿の神も祀られているから、念のため記しておく。

そのうちの一体は、三世紀初頭、扶余王・尉仇台二世（神武）が渡来したとき、神武の祖父尉仇台一世（または彦波　武《ひこなぎさたけ》鵜茸《うがや》草葺《ふき》不合命《あえずのみこと》）の霊を祀り、いわゆる「神武東征」の成功を祈願している。

また別の一体は、天照意保比留貢《あまてるおほひるむて》（天照《あまてる》の世襲名）を称える祖神＝ガド族の族長を祀っている。ただし、現在この天照意保比留貢の御霊《みたま》は以下の三社に遷座されている。

◎**神明神社**……愛知県安城市高柳町中敷
◎**神明神社**……愛知県蒲郡市三谷町須田
◎**神明宮**…………愛知県豊田市堤町

「記紀」の「天孫降臨」物語

『古事記』『日本書紀』の神話、いわゆる「記紀」の天孫降臨に関しては、

「葦原《あしわら》の千五百秋《ちいほあき》の瑞穂の国は是《これ》、吾が子孫の王《きみ》たるべき地なり。爾皇孫《いましすめみま》就きて治《し》らせ。行《ゆ》至《け》。宝祚《ほうそ》の栄《さか》えんこと」

とある。

さらに『古事記』には、

「竺紫《ちくし》の日向《ひなた》の高千穂の久士布流多気《くしふるたけ》に天降《あまくだ》りましき」

とあり、続いて「記紀」に、

「此地《このち》は韓国《からくに》に向かい、笠沙《かささ》の御前《みまえ》を真来通《まきとお》りて、朝日の直《ただ》刺す国、夕日の日照る国なり、故《かれ》、

此地は甚吉地《いとよきところ》」

と述べてある。

この「吾が」というのは、天《あま》から来た天照大神《あまてるおおかみ》の子孫が王として支配していくということを宣言している。

そこで、竺紫・日向の高千穂の久士布流多気に天降《あまお》りまして、降り立ったという話が載っているわけである。さらに『古事記』によると、そこに降りてきた神はニニギノミコト（邇邇芸尊／瓊瓊杵尊）ということになっている。

それは、天《あま》から来た、天《あま》降った場所は、韓《から》から、これは朝鮮のこと、韓《から》の国に向かった方角だということを述べているわけである。

大物主命と大国主命は、別人だった

次に、「国譲り」神話について見てみよう。

「記紀」に、大国主命《おおくにぬしのみこと》（または大物主命《おおものぬしのみこと》）からこの国を譲り受けてうんぬん、という話が出てくる。「記紀」を読む多くの人は、大国主命と大物主命を混同しているが、これは本当は全く違う人物である。

大物主命というのはユダヤ系イッサカル族の王様で、その子供が事代主命《ことしろぬしのみこと》である。

一方、大国主命というのはユダヤ系シメオン族の族長のことだが、その区別が一般に全く為されていない。だから、大国主と大物主を一緒にしたり、大国主命の子供として事代主命、あるいはその他の人物を考えるのが「多くの説」になっているようだ。

天孫降臨の地はどこか

次に、「神武が日向から東征して奈良の国分寺に入り、統治の宣言をした」という話が出てくるが、これがいかに〝荒唐《こうとう》無稽《むけい》〟な話であるかを以下に述べたい。

まず、「天孫降臨の地」というのがいろいろあるが、「記紀」で述べている話と、実際そこにそういうことがあったかどうかというのは区別して考える必要があるだろう。天から人間なり神なりが降《ふ》ってくるというのは常識的にはあり得ないことだが、神話の中の出来事として一応そうなっている。

また、「記紀」神話の降臨の場所として日向《ひゅうが》（宮崎県）説というのがあって、臼杵《うすき》郡《ぐん》の高千穂がその地であるとしている。

しかし、「記紀」の「筑紫《ちくし》」というのは、九州全体のこととして捉えるべきだろう。筑紫＝筑紫《つくし》というのは広義と狭義の二つの捉え方があって、この場合は、筑紫の一地方を指しているのではなくて、九州全体を一つの島「筑紫」と見ているのだと解釈した。

さらに、「韓国《からくに》」というのを、空《そら》むなしい＝「空国《からこく》」とするということで、宮崎県のその地を基礎づけようとしているというのが今の「国論」になっている。古事記学者と称される本居宣長なども、こういう立場に立っていたと思われる。

これについては、霧島山、あるいは高千穂峰「説」というのがあって、これは同じ宮崎県でも鹿児島県との県境の方にある山で、この霧島山と高千穂峰というのはそれほど離れてはいないのだが、どちらもその近くの北方に韓国岳《からくにだけ》という山がある。そういう点で、「記紀」でいっているところの〝からくに〟というのは、韓国ではなくて韓国岳だと看做《みな》して、それより南にある山だから「ここに当たるのだろう」ということになった。考古学で、〝岳《だけ》〟があるかどうかというのは大変な問題なのに、そういう強引な解釈でやっているというのが現在の学界の状況である。

本当の「天孫降臨」の地

天から降りてくる「天国《あまくに》」というのは、対馬とか壱岐とか沖ノ島とか、いわゆる朝鮮と日本の間にある島々のことである。これを「天国《あまくに》」と言っていたと思われる。だから、そこから他の地へ行く、朝鮮にしろ日本にしろ、そこへ行くのを、そこが天国《あまくに》だから天《あま》から他へ行くのを天降《あまくだ》るといった。

今でも、東京駅から他へ行くのを下《くだ》り列車、東京へ行くのを上《のぼ》り列車という。昔は、京都に都があったので、京都へ行くのを上《のぼ》る、京都から地方へ行くことを下《くだ》る、と表現していた。だから、この天国《あまくに》・対馬等の島々から他へ行くのを天下《あまくだ》る、そこへ行くのが上《のぼ》るというようになったと思われる。

それら、〝天下る場所〟というのを「筋収縮力テスト法」によって全部調べてみると、三カ所しかないことが分かった。「記紀」に出てくる場所は、新羅（朝鮮）、出雲（山陰）、筑紫（福岡県）の三カ所である。

天のどこからでも降りられるのであれば、富士山に降りてもよし、あるいは琵琶湖に降りてもよかったと思う。だが、神話時代の人々は、富士山も琵琶湖も知らなかった。単に佐渡島とか淡路島ぐらいの、そういう世界だけを知っていた人の文章となっている。そして、そこへ行くに当たって、どこそこに寄ってそこに下りたとか、そういうことは全然ない。ふつう、土地を歩くのであれば、どこどこに寄って、どこを通って行ったとなるが、島は海に浮かんでいるから、途中下車はなく、到着した場所しかないという訳だ。したがって、「竺紫に降《お》りた」とか、そういう著述になっている。

では、本当にそういう「竺紫」というのは福岡にあるのかという問題になるのだが、調べてみると、竺紫《ちくし》の日向《ひなた》というものが筑紫にはちゃんとある。

高千穂というのは高い山々という意味で、その中に〝くしふるだけ〟というのがある。

博多の高祖山《たかすやま》の近くに高祖村というのがあるが、そこに別の山があるということで、こういう地名の場所が存在しているのである。

最初に王宮を建てた場所

さて、「記紀」では降臨したのがニニギノミコト（爾爾芸尊／瓊瓊杵尊）で、それがコノハナサクヤヒメ（木花之佐久夜毘売／木花之開耶姫）と一緒になって、という話が出てくるが、ここで天孫降臨の際の王宮跡（環濠集落跡）を確認してみよう。

彼らが王宮を作った場所というのは、近場の吉武高木《よしたけたかぎ》遺跡である。天国《あまくに》から降った人々というのは、実際にはユダヤ系のガド族で、日本では猿田彦と呼ばれているが、このガド族の系統が最初にやって来た。他にも、イエス・キリストを生んだゼブルン族、日本で言えば宗像《むなかた》神社の三人のお姫さま＝宗像神社の御三《ごさん》神《しん》に相当する人々、さらには女王卑弥呼と先述の大物主命などの系統であるイッサカル族、これらが三位一体となり、連合して竺紫の地に渡来した。

ここには糸島半島というの

があるが、ガド族らは最初ここに上陸している。そこから南の方に行って吉武高木に王宮をつくった。したがって、ここが降臨した最初の場所である。

「旧伊勢国」が建てられた

この吉武高木で作った国を、伊勢国《いせこく》という。この伊勢国がやがて近畿地方に移るため、区別してこの地を「旧伊勢国」としているが、このとき、最初の伊勢国を建てたのである。

『神皇紀《じんのうき》』と『水尾《みお》神社縁起書』を総合すると、伊勢の君・猿田彦は鉄鐸・銅鐸文化の祭祀者であり、秦末の「焚書坑儒」事件で多くの王族や儒者たちを殺された魯人・ガド族が、イスラエル北朝系からユダヤ南朝系に変身して、急きょ、鉄鐸・銅鐸文化を携えて日本列島へ亡命したと理解されるのである。

こうして、九州博多の地に新しい青銅器文化の先進国が建設された。

次に、その初代王の猿田彦命に続いて、二代目の猿田彦は、そこから少し離れたところの平《たい》らな原っぱ、平原《ひらばる》、その地に王宮を作った。それが九州社会を画期的に発展させるきっかけとなった。

このころ、九州の地には以前から、縄文人とか、稲を持ってきた苗《ミャオ》族、あるいはシュメール人のグループといった連中が渡来して居住していた。猿田彦二世はそういう人々を支配下において、ユダヤ人たちのヘレニズム文化（青銅器文化）を九州全体に繰り広げていった。

これらの歴史を、もう一度整理すると次のようになる。

吉武高木遺跡

平原遺跡

旧伊勢国へ、ヘレニズム文化が伝来した

前八六年、ユダヤ系ガド族猿田彦命《さるたひこのみこと》の下にイッサカル族、そしてゼブルン族が結集し、一行は対馬高天原から船出して弥生文化の盛んな北九州へ渡来。旧「伊勢国」を建てた。そこは九州筑紫の平群《へぐり》の地、吉武高木や平原《ひらばる》の地であった。初代猿田彦命は王宮を吉武高木に置き、ヘレニズム文化（ギリシアと波斯《ペルシア》の混合文化）によって鉄鐸・銅鐸などを生産する一大青銅器文化圏を建設した。やがて、初代猿田彦命が肺結核で病死した後は、イッサカル族出身の王妃が女王となって王権を継ぎ、かなり長く君臨した（したがって三世紀の卑弥呼は女王の先駆けではなく、二代目となる）。

太陽神殿を築き、三種神器を祀る

猿田彦命二代目は平原に王宮を移し、「記紀」に出てくる〝前の君〟と呼ばれた。また、猿田彦二世はイスラエル神（バアル神）を祀る太陽神殿（天照大神《あまてるのおおかみ》を祀る日代宮《ひしろのみや》）を平原《ひらばる》王墓（遺跡）に築き、八咫鏡《やたのかがみ》（超大型内行花文《ないこうかもん》八葉鏡四六・五センチ）ほかの神鏡・鉄剣・勾玉《まがたま》などの「三種神器《さんしゅのじんぎ》」を奉納した。彼はこの最新式な青銅器文化を持って九州一円に進出し、先住のシュメール人・苗族《ミャオ》・港川人らを支配下に置いていった。

〝やまと〟という地名の起こり

こういう猿田彦たち、二代目猿田彦の話が、八世紀の「記紀」撰上の折に、景行《けいこう》天皇（三八

五年～三九二年／百済辰斯《しんし》王のモデル）の倭建命《やまとたけるのみこと》九州征服譚に盗用され、そのため後世、この地が竺紫《ちくし》（筑紫）の大和《やまと》と呼ばれるようになったのである。

そして、吉武高木付近に〝やまと〟という地名の場所があり、〔やまとの和歌〕の「記紀」景行天皇の条に、九州遠征説の「思邦歌《くにしのびのうた》」というのがある（以下原文）。

夜摩苔《やまと》は　国の麻倍還麻《まへらま》　畳《たた》づく　青垣《あおがき》　山籠《こも》れる　夜麻苔《やまと》し麗《うるわ》し　命《いのち》の　全《また》けむ人は

畳薦《たたみこも》　平群《へぐり》の山の　白檀《しらかし》が葉を　髻華《うず》に挿《さ》せ　此の子

この和歌に出てくる山門郷《やまとごう》は、福岡市西区・旧早良《さわら》郡の地にある。現在の室見川下流で、姪浜《めいのはま》近辺に相当し、地下鉄「下山門《しもやまと》駅」にその地名が残されている。また、平群の地＝吉武高木（遺跡）はこの旧平群郡内にある。麻倍還麻《まへらま》とは、鳥の心臓に近い脇にある柔らかい毛のことで、「まほろば」はそのなまり。「秀」「場」＝日本の中心の秀れた地、と一般には解釈されている。

二代目猿田彦は九州遠征に出発するとき、初代猿田彦命・亡き父の霊に祈願して、「父の時代〝やまと〟は国の首都でした。王宮からすると心臓部にも当たって非常に良いところだ」ということを詠《うた》って遠征に出発し、大いに成果を挙げた。

それを、その後の日本武尊《やまとたけるのみこと》の話に盗用した。「記紀」にはこの「やまとのくに」の話は二回出てくるが、奈良の地が大和《やまと》で、国の〝まほろば〟、これはなまりで〝まへらま〟が元なのだが、それをまず景行天皇の九州征服譚に盗用し、さらに架空の日本武尊の九州および東国「征伐譚」にも盗用した、という次第であった。

「君が代」の謎

ところで、現在、「君が代」は国歌になっているが、この元になるのは『古今和歌集』（九〇五年～九一四年／延喜十四年）で、紀貫之《きのつらゆき》が先祖のものをいろいろ調べた中で、詠み人知らず、あるいは題名が分からないということで載っている。が、そこでは、「我が君は、千代に八千代に、さざれ石のいわおとなりて、こけのむすまで」となっているのである。

今の国歌は〝我が君〟ではなくて〝君が代〟になっているのだが、これは明治維新の後、薩長連合政府の薩摩出身の役人（のちの元帥大山巌）がしたことである。昔から薩摩琵琶の伴奏でいろいろな所で歌われていた「蓬萊山」という歌、その中に「君が代」が出てくる。「これはいいや」ということで、国歌にしようということになった。

この〝君が代〟が、古今和歌集とか、その後の和漢朗詠集とかいうものでは全部〝我が君〟となっており、和漢朗詠集の後の、宮内庁が持っている、ダイジェスト版にまとめたものになって初めて〝君が代〟というふうに変わっている。

醍醐天皇（八九七年～九三〇年）が、遍昭僧正（天台宗の歌人）という坊さんに「君が長生きしてくれ」という話をしたということで、〝君〟という言葉を使っている。いわば〝Ｙｏｕ〟

という意味だ。昔の〝我が君〟というのは、本当は親しい間柄で用いる言葉だったようで、この歌そのものは、どうも旧伊勢国の初代猿田彦命のために詠った歌だと思われるのである。

吉竹高木の王宮にいた猿田彦が、最後に、結核を患って死の床につく。それを、病気回復を願って作られたもので、作者不明となっているが、これはどうやら二代目の猿田彦である、息子さんが詠った歌のようだ。歌の元になるものは、側近の人や何かに推敲させて作った。楽屋裏的にいうと、そういうふうにして作られた歌が「君が代」の元であった。

そういう点で、天皇家の歌でないことを知っていた紀貫之は、具合が悪いので、作者とか詠み人〝知らず〟にして、載せたというのが真実であろう。

この「君が代」は、実は二重構造になっていて、筑紫の旧伊勢国各地の地名を織り込んで歌にしている。この〝千代に八千代に〟の〝千代〟というのは、博多の福岡県庁の辺りに実は「千代」という所がある。千代の一丁目から五丁目まであって、駅も千代県庁口駅がある（千代県庁口駅の写真参照）。さらに千代東公園という昔の松原が残っているが、もう市の中心になっているので、昔のような面影はちょっと分からない。

そういう〝千代〟があって、細石《さざれいし》神社というのもある。この〝さざれいし〟というのは〝細かい石〟という「字」が明治以来使われてきたので、皆そう思っているが、旧名では〝佐々禮石〟である。これは非常に大きな石で、境内に〝神聖な〟巨石が祀られている。これは細かい石ではない。物理的にも、細かい石が大きい石に成るというのはありえない。大きい石が粉々に砕かれていく場合もあるが、そういう細石《さざれいし》ではないのである。

千代県庁口駅

細石神社

若宮神社

　この神社のご祭神は、磐長姫《いわながひめ》と妹の木《こ》花《はな》之《の》開耶姫《さくやひめ》ということになっている。が、世間でいうコノハナサクヤヒメは実はウラルトゥ人であり、イワナガヒメというのは猿田彦（ガド族）の系統で、全然違う種族の出身である。「記紀」では、ニニギノミコト（瓊瓊芸尊／瓊瓊杵尊）に二人の娘を嫁にもらおうと思ったところが、磐長姫というのはあまりに醜いので、突返したということになっている。が、検証によれば本当は絶世の美女であった。したがって、木花之開耶姫の話は後から作られており、二人のご祭神のうち、最初に祭られていたのが磐長姫で、この人こそ二代目猿田彦命の王妃であった。

　また、〝いわお〟というのは、井原山《いわらやま》というのがあり、その尾にあたる部分、その周りに岩羅《いわら》という所があって該当する。それから〝こけのむす〟というのは、船越＝糸島半島志摩町の船越に、苔牟須売姫命《こけむすひめのみこと》と木花之開耶姫《このはなのさくやひめ》を祭る神社があった。が、さらに旧《ふる》くは、元々苔《こけ》牟須売姫命《むすひめ》のみを祀っていたという。今は若宮神社と言われているが、百年くらい前までは桜谷神社とも称えていた。こういうところがあったのである。

さらに、「君が代」というのは、それぞれの地名を織り込みながら、病に倒れている人々の長命を願ったという意味合いを持たされている。これは、志賀島の志賀海《しかうみ》神社で「山誉め祭」というのが年二回行われており、地唄のほうは今の「君が代」とは曲が違い、柔らかい、華やかさでうたわれる。つまり九州の各地で昔から、薩摩琵琶とか、いろいろな形で、各地で結構歌われていたものと考えられる。

このように、「千代に八千代に」の〝千代〟も、細石の〝さざれ石〟も、「巌《いわお》となりて」の〝いわお〟も、「苔の生すまで」の〝こけのむす〟も、その比定地（元の地名）が筑紫（今の博多）に実在している。

以上を理解された方は、〝君が代〟は元々天皇家を讃えたものではなく、実は初代猿田彦命を〝我が君〟と詠んで健康長寿を願ったものであった、ということを納得されるであろう。

猿田彦命もその先祖の天照大神も、今の伊勢神宮の祭神である。その伊勢神宮は現在、日本民族のメッカとして尊崇されていることを再考・吟味され、「筋収縮力テスト法」による検証が、巷間論争の多い「君が代」を理解する一助にもなればと願う次第である。

ウガヤ（鵜葺屋）王朝

神倭イワレヒコ（神武天皇）の出自

天孫降臨の話を分かりやすくするため、まず、神武なりの系統の説明から始めよう。

神倭《かむやまと》伊波礼毘古《いはれびこ》という方は、いわゆる朝鮮の百済《くだら》、あるいは扶余《ふよ》の王で九州を守っていた人のことである。その後、漢名の諱《いみな》が贈られて神武天皇になるわけだが、そういう人の系統である。これはいわゆるトルコから出発しているから、トルコ系のヒッタイトで、今で言えばアラム人、当時はフェニキア人のこと。カナーンのエブス人から出てきた人たちである。また朝鮮全体では、箕子《きし》・奇子《きし》朝鮮《ちょうせん》の人々の血を引いているが、その両方の血が入った——イラン高原の人々——というのが、神武の先祖である。そういう点で、鉄文化を発明した血と、世界を股にかけて動いていたフェニキア人の血を受け継いだ、そういう人々が、はるかアジア大陸（シルクロード）をずっと渡って朝鮮まで来て、という者なのである。渡来の途中でいた所が、実は対馬《つしま》＝神話の天国《あまくに》である。

そこで朝鮮との間であった話が『海彦山彦』の話になった。これは神倭イワレヒコ（神武）のおじいさんにあたる人の話だと思われるのだが、「海幸山幸」神話ではその辺のことがウガヤ王朝（鵜葺屋《うがや》王朝）らしい話になっている。そして、竹内文書とか宮下文書によれば、五十代から七十代もウガヤ王朝というのは続いているという。だが、「記紀」はイワレヒコの父親が彦波武鵜葺草葺不合命《ひこなぎさたけうかやふきあえずのみこと》であり、一代の王であったと記している。

しかし、ウガヤフキアエズノ尊というのは、世襲名だったとも思われるのである。例えば、陶工《とうこう》の柿右衛門などは、世襲的に、死ぬと新しい人が届けを出すと、戸籍上も全部認められて、柿右衛門の名を受け継ぐことができる。坊さんの場合も、得度《とくど》すると簡単に名前が変えられる。しかしわれわれが、ちょっと今の名前が面白くないからといって届けを出しても、絶対、受け付けてもらえない。よほどの事情、例えば同じ町内に同じ名前の人がいて年中郵便物が間違うといった特殊な理由がないと改姓できない。世襲的に名前を受け継ぐシステムというのは、伝統的なそういう家だけで今でも認められている。

つまり、そういう世襲的な名前をずっと代々の王が受け継いでやってきたという、そういう流れの一人が神倭イワレヒコ（神武）であったと思われるのである。イラン高原の人たちが最初にこっちへ来ているわけではなくて、朝鮮と対馬の間にいろいろな物語があった、それをまとめて「天国《あまくに》＝対馬」の話にしてしまったということであろう。

実は山彦は九州にいて、魚釣りに対馬の方へ行った。失った釣り針を探してくれた豊玉姫という海女、その父親が豊玉彦ということになっていて、それで、子供が生まれるところを見た。するとそれは八尋《やひろ》のワニだったたという。

それで、「見られたので帰る」といって引き揚げた。実は、対馬に行っていた海女が朝鮮に戻ったのだが、「記紀」では日本の方（九州）へ行ったような話になっている。それで豊玉姫の祖母が子供を育てて、鵜葺屋葺不合命は育ったとか何とかという物語が展開される。

王の初代・ウガヤ王朝の最初の王様が天照《あまてる》で、天照《あまてる》の大王が天照《あまてらす》の最初の出発点だと思うのだが、実はこれは男性で、トルコあたりに最初の王国を築いた人物のことである。

何代たっても、また同じ名前が出てくる。今太閤とか何とかいって、田中角栄さんまで今太閤とかといって現れたりする。私の友人で鹿島アントラーズのトレーナーをやっている人も、ジーコの時代に、ジーコを一生懸命治療していたのだが、彼も自称ジーコだった。みんなに「ジーコ、ジーコ」と言っていたという。それと同じように、初代にあやかって、天照《あまてる》という名前を名乗っていたようである。

現在、その神社が対馬にある。浅茅《あそう》湾・小船越《こふなこし》の小高い所にある阿麻氐留《あまてる》（天照）神社である。

阿麻氐留神社の「天照大神」

十月を神無《かみなし》というのはご存知のとおりで、出雲に神様が集まるというところからきている。そして、その時に、天照《あまてる》は一番後《あと》に行って、一番はじめに帰ってくる、つまり、八百万神《やおよろずのかみ》の中で二番目に偉い人という話に阿麻氐留神社ではなっている。

このように、本当は「天孫降臨」神話の原点になる大切な神社だから、もう少しきちんとしても良いだろうにと思うが、どういうわけか宮司さんすらいない。寂しい限りである。氏子代表とかそういう方はおられるようだが、この神社が、日本では一番旧い面影を残しているのである。小高い山の斜面に神社名の扁額を掛けた鳥居のある石段を上ると、原始の小さな森に囲まれた素朴な姿の「阿麻氐留（天照）神社」が鎮座されている。

「天孫降臨」というのは、実はガド族の猿田彦が最初に来て、先述した吉武高木《よしたけたかぎ》（遺跡）あるいは平原《ひらばる》（遺跡）を築くということが行われていった。それを潰し、破壊して奈良に来たのは大国主の系統であるが、その経緯をこれから述べるとしよう。

第二回目の「天孫降臨」

秦始皇帝の後裔・大国主命が博多に「委奴国」を建てた

前七四年頃、朝鮮の秦韓（慶州）にいたユダヤ人亡命集団六部族が移動を始め、対馬高天原経由で九州有明海の鳥栖《とす》に上陸し、博多に委奴国（王宮・比恵）を建て、その勢力を吉野ヶ里の地まで拡大した。そのことをフェニキア人（海人族）から伝え聞いた南越蒼梧《そうご》郡（広西省）の秦王（趙佗《ちょうだ》〔直径四一センチ青銅製大鏡の墓主〕の後裔）が率いる苗族《ミヤオ》（新しい弥生農民）らも合流して、秦韓シメオン族々長・大国主命を推戴して委奴国王とした。

これが第二回目の「天孫降臨」と考えるべきであろう。

弥生時代、最大級の環濠集落と墳丘墓の遺跡として有名になった吉野ヶ里は、前原《まえばる》市から自動車で一時間のところにあって、現在、吉野ヶ里歴史公園として整備されている。

ちなみに、委奴国の遺跡は現在「吉野ヶ里」のみが発掘されて国の指定遺跡となり、出土品は吉野ヶ里歴史記念館に一括して展示されている。

大国主命・別働隊の活躍

このとき、対馬高天原を船出した本隊とは別に、別働隊として日本海側の敦賀《つるが》（福井県）に上陸し、滋賀県を経て奈良に入った大国主命の弟のグループがあった。また、大国主命の父親は佐賀県に上陸したのち、別の先遣隊を率いて再び乗船し（東遷）、いち早く先駆けとして奈良盆地に到着している。こうして、大和（奈良盆地のヤマト）にユダヤ人亡命者のコロニーが初めて作られた。

第三回目の「天孫降臨」

常陸「高天原」への渡来

前五〇年頃、ユダヤ人亡命集団ガド族三百人が対馬高天原から船出して、利根川下流域の霞ケ浦＝衣河流海《いかるがのうみ》（茨城県）に渡来した。彼らは鹿島灘にある明石海岸の大鳥居近くに上陸して、椿《つばき》神社（祭神は猿田彦命）を建て、猿田《さんだ》（猿田彦命の兄弟に因んでつけられた地名）などにコロニーを作った。そしてこの地を聖地として「常陸《ひたち》の高天原」と称するようになった。

前三〇年頃、続いてゼブルン族四百人が薩摩半島（加古島）から渡来し、鹿島灘周辺に上陸した。このとき、天津甕星《あまつみかほし》（または天香香背男《あまのかせお》）らは常陸（日立市）の大甕《おおみか》などにも移住している。

イエス・キリストが日本へ渡来した

紀元三四年、イエス・キリスト（三十七歳）が「日本への布教」を立志し、同族ゼブルン族五十人とともにインド（ガンジス河下流域）を船出、安南のオケオ港経由で東日流十三湊《つがるとさみなと》（古代の大貿易港）に上陸した。一行は、津軽→鹿嶋→熊野→伊勢のユダヤ人コロニーと移動しながら布教活動を続けていたが、イエス・キリスト本人が結核に侵され、津軽戸来《へらい》（新郷村）の沢口家において五十九歳で亡くなった。

さらに、朝鮮および九州筑紫で起きたこと

高句麗国（卒本）の建国

前五八年、河南省南陽《ナンヤン》「宛《えん》」（製鉄基地）の徐氏《じょし》（インド十六王朝時代の陜野侯裵幣命《きょうのこうはいへいめい》の後裔）が北扶余（後期王朝）の濊《かい》王（解王）となっていた。その「後期王朝」と扶余族・ウガヤ王朝の「前期王朝」（古代松花江《しょうかこう》湖畔の都・農安）との間に争いが起こり、その結果、前三七年に、始祖王朱蒙《しゅもう》（鄒牟《チュモ》・鄒蒙《しゅもう》・諡《おくりな》、東明聖王）によって卒本《そつほん》（吉林省集安市）に高句麗（または高麗）が建国された。

濊王一族の知将・陜父が熊本に「多婆羅国」を建てた

紀元一年、その高句麗（卒本）にいた北扶余の濊王一族の知将・陜父《きょうふ》が、濊《かい》族の一部を率

いて亡命し、日本海沿いに南下して対馬経由で北九州博多に上陸した。彼らは既存《きそん》勢力の旧伊勢国や大国主命の委奴《いど》国に遠慮して、いったん、阿蘇山系（阿蘇カルストの根子岳《ねこだけ》一帯）にコロニーを作ったが、陝父らはさらに白川流域を下って熊本に多婆羅国《たばらこく》を建てた。

この多婆羅国（多羅蛮《たらばん》のクニ）は、このあと、朝鮮半島南部（咸安《かんあん》・晋州《チンジュ》）に逆上陸して分国の多羅《たら》国を建てるが、その建国を直接担当したのは、朝鮮にいた扶余族のウラルトゥ人（ウガヤ王朝系の人々）であった。

なお、この旧多羅《くたら》が成長して百済《くだら》国となるのだが、のちに百済国初代王仇首＝神武の系譜が、倭《わ》国（俀《たい》国ではない）の天皇家につながっていくことになる。

「倭の大乱」の始まり

一四七年、後漢《ごかん》に圧《お》された高句麗（北倭《ほくわ》人）が委奴国（ユダヤ系）および東表《とうびょう》国（南倭《なんわ》人）を攻撃した。当時の東表国（豊日《とよひ》国・駕洛《から》国・金官加羅《きんかんから》）は朝鮮と九州をワンセットの文化圏とする海人族の千年王朝で、委奴国はその同盟国であった。そのとき、東表国エビス王は海部《あまべ》知男命《しるおのみこと》であったが、これより高句麗と敵対関係に入り、東アジアの覇権を競う東夷諸族の争い＝「倭の大乱」が始まった。

東表国＋委奴国の連合軍が「旧伊勢国」を滅ぼす

一六三年、東表国エビス王海部知男命（南倭人の王）は委奴国王大国主命（ユダヤ北朝系）

と連合して、高句麗と同盟していたガド族・猿田彦（イスラエル南朝系）らの旧伊勢国を攻撃し、その首都（吉武高木・平原遺跡）および太陽神殿（平原王墓遺跡）を破壊して、古墳内の超大型青銅鏡（祖先神の霊を祀る世界最大の青銅鏡）を悉く破砕した。このとき、秦始皇帝（碧眼《へきがん》のディオドトス）の末裔・大国主命が率いるシメオン族の兵士ら三十名の攻撃部隊は、あらかじめ用意した二十丁の鉄斧ですべての神鏡を徹底的に割ってしまった。

鉄鐸・銅鐸と、青銅器文化について

この猿田彦の人々が使用していたのが、銅鐸と、今はあまり残っていないが鉄鐸であった。これらは祭祀用の楽器としても使われているが、当時は葦の根元で鉄バクテリアが鉄の生産を促すため、「葦原の山の斜面に埋める」ということをやっていた。鉄鐸の方が銅鐸よりも早く使われていたようだが、日本は酸性土壌なので鉄は錆びて消えてしまう。そのため、ほとんど発掘されていない。だから、考古学界では、銅鐸が先だろうということになった。しかも、鉄と銅の関係でいうと鉄の方が温度の高い熱で溶かさなくてはならない、という先入観があるため、銅のあとに鉄の歴史があるという〝錯覚〟に陥ったのである。実際には、両方やっていたようだ。

また、日本最古の三種神器《さんしゅのじんぎ》（八咫鏡《やたのかがみ》、天叢雲剣《あめのむらくものつるぎ》、尺勾八瓊之五百津之美須麻流之珠《やさかまがたまのいほつのみすあさりゅうのたま》）が出土したことで有名な吉武高木遺跡の人々は、太陽信仰を持っていたと思われる。天照大神《あまてらすおおみかみ》というのは、幕末の国学者本居宣長《もとおりのりなが》が勝手に呼んだ名前であるが、猿田彦たちは自分たちの族長の名前だと思われるアマテル（天照《あまてる》）を祀り、それを太陽神と重ねていた。そういう意味では、ガド族の彼らと、ユダヤ系でないウラルトゥ系の神武が「同じ神」を持っていたことになる。そのため、歴史は「大国主命らが一六三年に旧伊勢国を滅ぼした仇を、二一〇年～二一三年に神武が討った」ということになるのである。

猿田彦命らと仇敵関係となっていた大国主命（シメオン族）らのこのような行為は、「旧伊勢国王を祀る神殿を壊せば、南朝ユダ系王族の魂を吸い取ることになる」と信じられていたためであろうか、その破壊跡は凄まじい。

神聖な神殿を壊され、旧伊勢国（筑紫国）を奪われた猿田彦五世らは、二手に分かれて亡命移動した。

〈遺跡の現状〉

二〇〇六年（平成十八年）六月九日、平原王墓遺跡の出土品は一括して国宝に指定された。しかし、国宝に指定した文化庁の役人にも、その本当の「由来」（旧伊勢国の歴史）は理解されているのであろうか。大いに疑問である。

平原王墓遺跡の出土品は現在、「伊都国歴史博物館」（前原市）に展示され、職員はこれらすべてを「伊都国」の遺物であると説明している。そのため、いつまでも〝けり〟がつかない不毛の「邪馬台国」論争に巻き込まれ、国宝指定記念に開催された「シンポジウム」においても、「大鏡はどうして破壊されたのか」という、参加者の多くが持った疑問に対し、出席したパネラーも司会者も答えることができず、混乱のまま終わっている。

さらに弥生時代以後、九州にあった東表国、旧伊勢国、委奴国、伊都国、邪馬壱国のそれぞれの歴史が全く解明されていないため、どの遺跡も遺物もごちゃ混ぜにして展示してある。それだけではない。せっかくの遺跡を発掘してもその遺構の価値が判別できないため、再び埋め戻して平地にしているような有様である。これは、考古学者と歴史学者が、どちらもよく分からないまま、互いに綱引きをしているためであろう。

旧伊勢国→委奴国→伊都国と変遷した歴史

先述したように、中国にいた時にも、ガド族というのは孔子・孟子の末裔だから、始皇帝は焚書坑儒でその王族を生き埋めにした。秦の始皇帝は、実はシメオン族のディオドトスだから、自分のユダヤ人の血を隠すために、歴史を改ざんし、真実を知っている人たちを殺していくという「焚書坑儒」をやった。

その延長として、劉邦以下の漢王室の王たちも真似をして、司馬遷の『史記』が作られたのである。そういう点で、ガド族とシメオン族というのは、いわば犬猿の仲みたいに、同じユダヤ系でありながら〝仇敵〟関係となっていった。

その争いが九州の地にも持ち込まれて、そこで徹底的に、シメオン族・大国主の系統によってやられてしまう。平原《ひらばる》（遺跡）から世界最大の鏡などが三十九面も出てきて、その他全部で

伊都国時代の甕棺

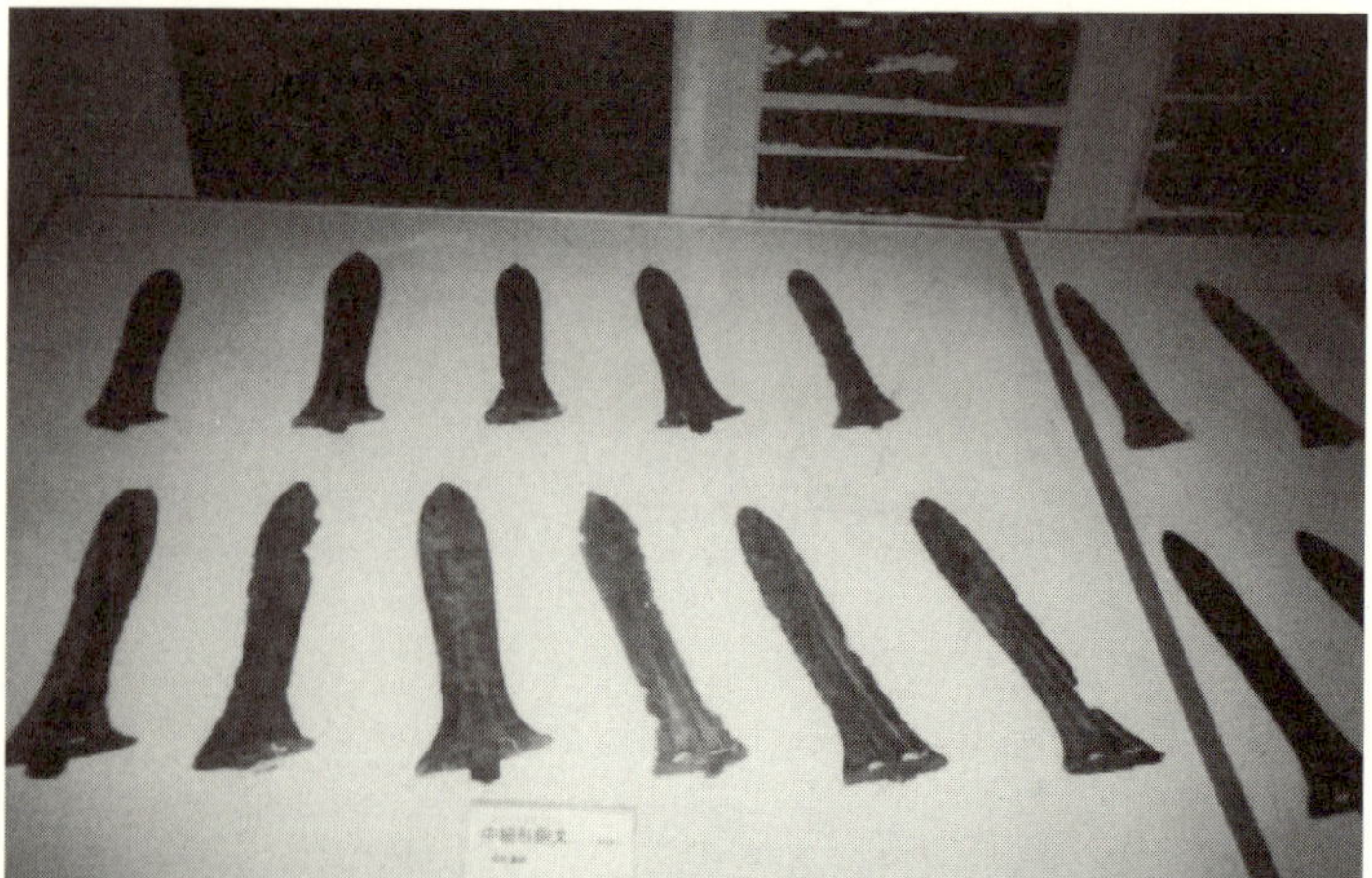

伊都国時代　中細型銅戈

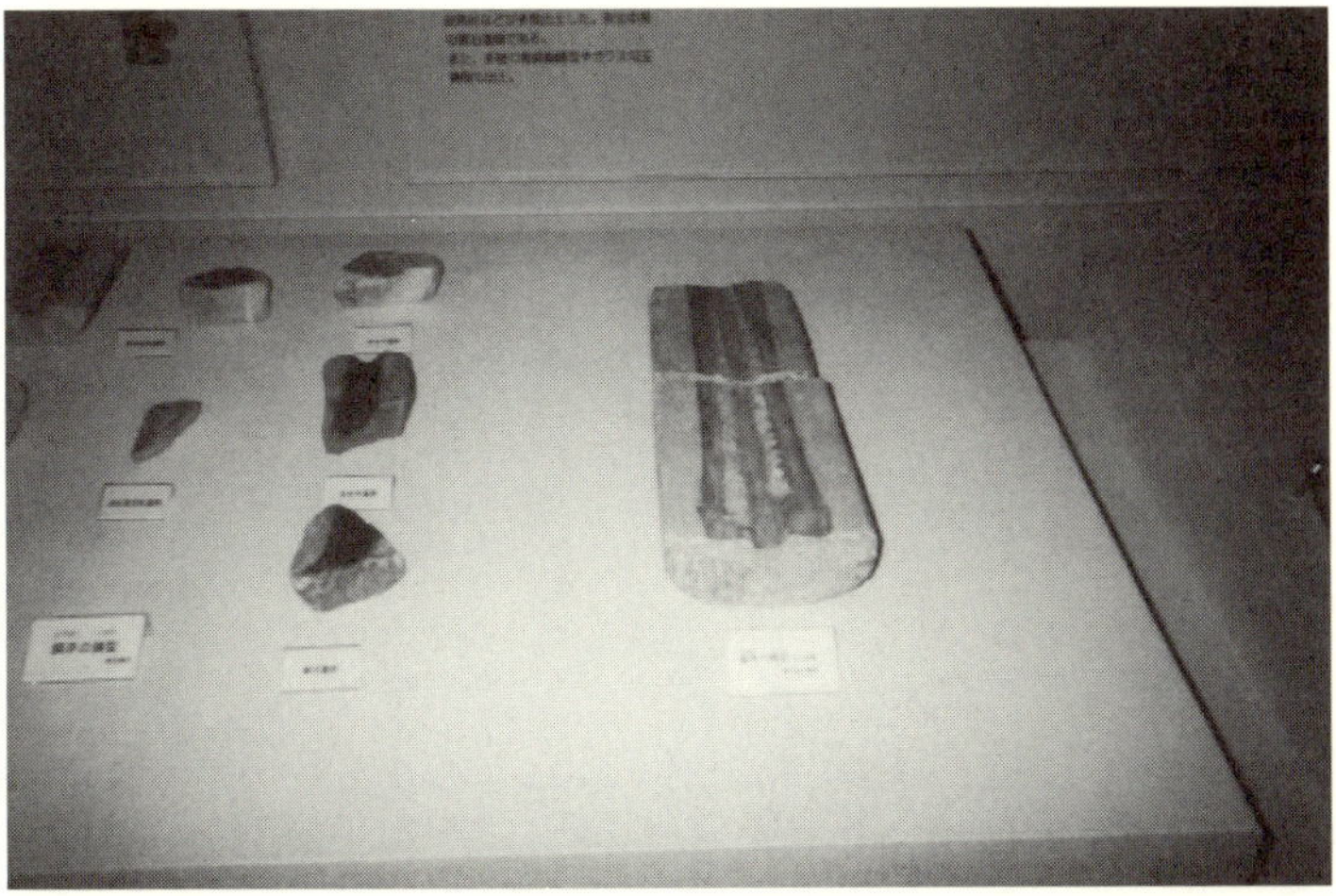

伊都国時代　銅才の鋳型

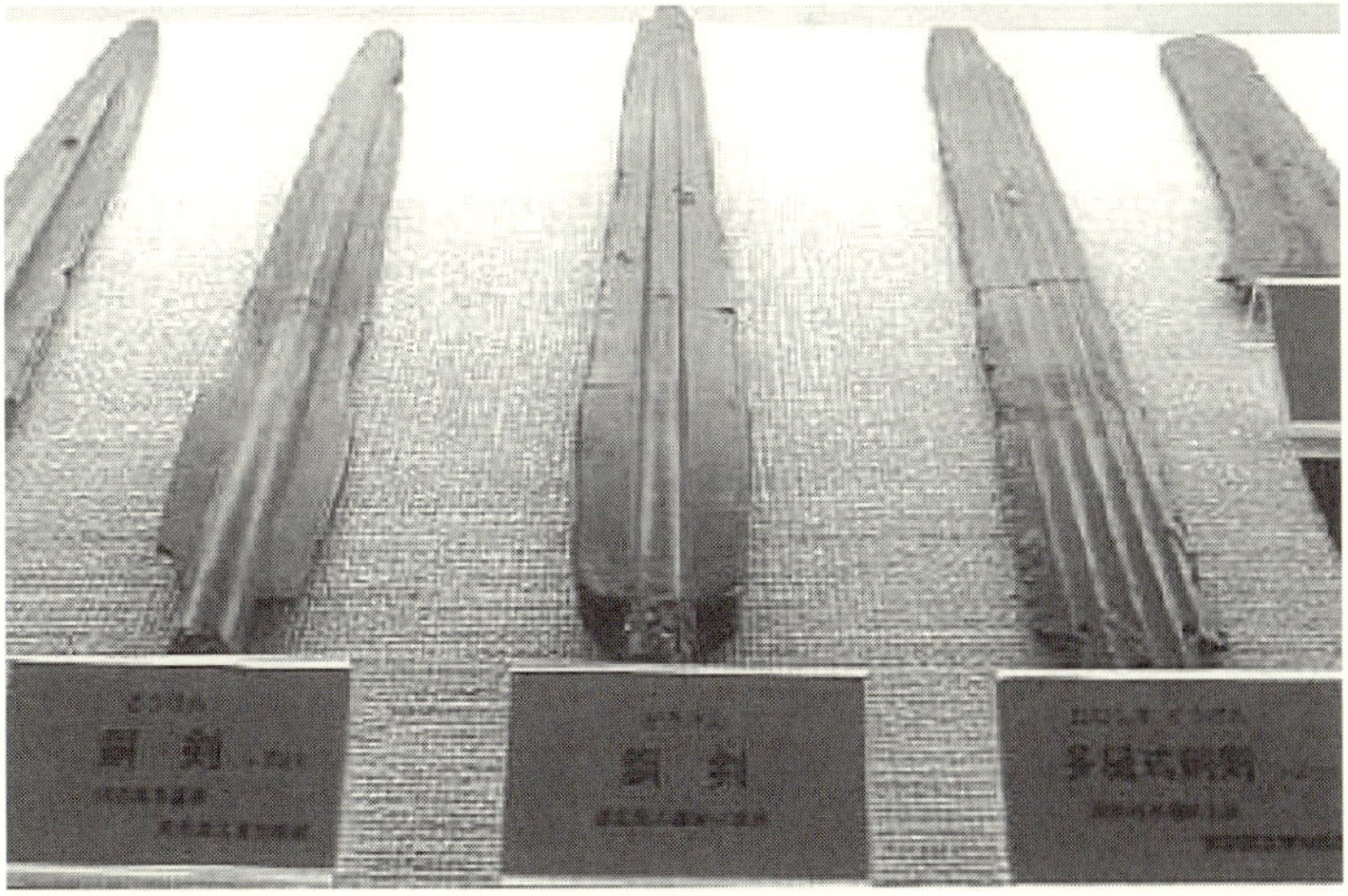

伊都国時代　銅剣

八十面位の鏡が出土したが、それらが粉々に砕かれている。

そうしたなかで、伊勢国が滅びていく。伊勢国が滅びて建てられた国が委奴国で、その族長である大国主命が金印をもらう。志賀島《しかのしま》から金印が、江戸時代に農民が掘って出てきたという印《いん》、普通は「かんのわのなのこくおう」の印だというふうに言われているが、それは『かんのいど（委奴）のくに（国）のおう（王）』の印というふうに読むべきだと思う。本当は「倭」に人偏が付いていない。金印の実物を見ると、人偏のない「委」の文字になっている。つまり、それをもらった王様、これが委奴国王というわけだ。だから、伊勢国が滅んで、委奴国に変わり、この委奴国を滅ぼして登場するのが後から出てくる神武であり、その神武が築いた国が伊都国という次第である。

そういう変遷があるのだが、神武らが委奴国の大国主を射殺《いころ》していくその話が、『古事記』『日本書紀』では国譲りとなり、何か平和的に「譲りなさい」と言ったら「はい」と答えたようになっている。実際は、殺してその国を奪う、そういう大事件が現実に起こっていたのである。

博多の〝姪ヶ浜〟にある「橋の小戸」

この神武らが上陸したところが、やはり「姪ヶ浜」であった。これは、博多湾に能古島《のこのしま》というのがあって、そこへまず二千名到着し、さらに志賀島にも一千五百名到着した。それから、姪ヶ浜に上陸して橋頭堡《きょうとうほ》（侵略基地）を築いた。

こういった場合、上陸地点というのはどこでもそうなのだが、昔は上陸した場所を「聖地」とした。だから、ここも聖地にした。姪ヶ浜に「橘《たちばな》の小戸《おど》」という所があって、そこには小戸《おど》神社などが建てられている。『古事記』によれば、イザナギがイザナミを連れに黄泉《よみ》の国へ行って帰ってきて、けがれている体をみそぎして、というところで生まれたのが天照であるとか、住吉の三神だとか、宗像のだとか、いろいろな神を生んだ、という話が出てくるが、それらの話を生んだ地がこの姪ヶ浜の小戸《おど》である。

猿田彦も神武も上陸した、ものすごく大切な最初の上陸地、すなわち「聖地」を中心にして、そこでいろいろな物語が展開したように工夫して、数々の神話が創られたのであろう。しかし、神武の祖父の天照は、おそらく、九州の地には来ていない。対馬止まりで、こちらで何かをやったという足跡は残っていない。

「タギシミミの変」という事件の真相？

この神倭《かむやまと》伊波礼毘古《いわれひこ》が、熊本と宮崎のそれぞれの人々と、争いもしたが、提携もしていく。そういうなかで、宮崎県の大物主系の娘をもらう。それで、最初の妻が亡くなると、後妻にお姉ちゃんをもらう。それが『魏志』に出てくる卑弥呼であった。

神武が亡くなった後に、卑弥呼は、先妻の長男（季父）と結婚する。そして二人の間に三人の男子が生まれるが、そのあと、タギシミミ（当芸志美美命）の変という事件が起こった。だが、その内容をよく見ると、政《まつりごと》をやらせたように書いてある。おそらく、神武が死んだあと、タギシミミ（季父）が王になっていて、それを今度は、神武と卑弥呼の間に生まれた子どもたちが、王権を巡って争いを始めたのであろう。そのとき、長男は気後れして棄権し（実際には暗殺されたか？）、次男の神沼河耳命《かみぬまかわみみのみこと》（のちの綏靖《すいぜい》天皇）がタギシミミを殺して即位した。ということで、卑弥呼は夫を殺され、息子も殺されるというような悲劇の渦中に入る。さぞかし苦悩しただろうが、そういう事件があった。

その後の歴史というのは、全部、次を継いだ人が死んだその次ぐらいに「天皇紀」が書かれるから、タギシミミの立場に立った記録は残っていない。そのため、タギシミミにとって非常に不利な状況になるのだが、「記紀」はそういう体裁で書かれている。

旧伊勢国王・猿田彦命らの亡命

さて、大国主命に神聖な神殿を壊され、旧伊勢国（筑紫国）を奪われた猿田彦五世らは、二手に分かれて亡命移動したが、その一隊（約六百人）は、日本海沿いに北上して山陰地方（島根県）に至り、同族ガド族の先遣隊であった鉄鐸・銅鐸文化の蘇民将来《そみんしょうらい》のクニ・牛頭《ごず》天王（スサノオノミコト）の「出雲王朝」へ参入した。

次に、別働隊の遺民は瀬戸内海を東遷し、中国・四国・近畿にやって来て、各地に彼らのコロニーを作った。

彼らのうち、紀州・熊野に約三百人が移動して伊国《いこく》を建て、志摩半島に約三百人が移動して新伊勢国（伊雑宮《いぞうのみや》・伊勢神宮の元宮）を建てた。さらに、奈良大和《やまと》に約千三百人が移動して鮭文化圏を整え、東鯷国《とうていこく》（纏向《まきむく》遺跡が中心）を建てている。

なお、旧伊勢国の日代宮（太陽神殿）を建てたのは、猿田彦二世であり、高句麗と同盟して大国主命や東表国と戦って敗れ、出雲に亡命したのは五代目であった。また、志摩半島に新しい伊勢国を建てたのは六代目であった。

このとき、猿田彦の別働隊（ガド族・イッサカル族・ゼブルン族ら）は瀬戸内海を東遷した途次、周防灘の徳山湾（遠石《とい》八幡宮の地）にコロニーを作った。さらに一行は楊井《やない》水道の大畠《おおばたけ》瀬戸《せと》に至り、旧伊勢の日代宮《ひしろのみや》（ご神体は八咫鏡《やたのかがみ》）を遷社して大畠・大久保の地（柳井市）に「天照《あまてる》神社」を建てた。また、瀬戸の浜辺に「磯の神」を祀る石上《いそのかみ》神社を建て、その元宮として旧い周芳《すは》神社（柳井市日積の諏訪《すわ》神社）が再建されたが、この天照大神（内宮）の神霊は、のちに志摩半島の伊雑宮（伊佐和宮）に遷社されている。

さらに、旧伊勢国グループは東遷の途次、瀬戸内海沿いの各地に、旧伊勢国遺民の一部ずつを割いてコロニーを作り、次のような鉄鐸・銅鐸遺跡を残している。

①**寒川《さんがわ》町・森広遺跡**……香川県大川郡
②**豊中市・利倉遺跡**……大阪府
③**和泉市・池上遺跡**……大阪府
④**纏向《まきむく》の日代宮遺跡**……奈良県桜井市三輪山

「東鯷国」興亡の歴史

旧伊勢国遺民が奈良盆地に亡命して「東鯷国」を建てた

奈良盆地の東鯷国《とうていこく》（鮭《さけ》文化のクニ）は、五代目猿田彦命の弟の系列が建国し、二世紀末から三世紀にかけて支配していた国であった。その王宮は「纒向《まきむく》の日代宮」の地に置かれたが、その後三回遷《うつ》っている。

① **辻地区**………磯城瑞籠宮《しきみずかきのみや》
② **北飛塚地区**……泊瀬朝倉宮《はつせのあさくらのみや》
③ **太田地区**………特別施設のあったところ（纒向玉城宮《まきむくたまきのみや》）

東鯷国の纒向古墳群は日本最古の前方後円墳《ぜんぽうこうえんふん》で、纒向型前方後円墳と呼ばれている。前方部が未発達（前方後円墳が整う以前の初期形態）で、全長：後円長：前方長の比は三：二：一となっている（以下の◎印が纒向型）。

◎**纒向石塚古墳**……国指定史跡
◎**ホケノ山古墳**……三世紀中頃
　葺石、石囲い木槨《もっかく》（棺を納める木製の小部屋）、国指定史跡
◎**東田大塚古墳**……三世紀中頃

◎柳本大塚古墳……三世紀中頃
◎纏向大塚古墳……三世紀後半
◎纏向勝山古墳……三世紀後半
◎箸中イヅカ古墳……四世紀後半、埴輪
・メクリ一号古墳……三世紀後半、前方後円墳
・箸墓古墳……三世紀後半／被葬者は大国主命の長男、前方後円墳、葺石
・大市墓古墳……三世紀後半／被葬者は倭迹迹日百襲姫命《やまとととひももそひめのみこと》（実は猿田彦五代目の娘）
・箸中ビハクビ……四世紀末／纏向遺跡内唯一の円筒埴輪基底部、墳丘下層か竪穴式住居跡一棟（布留０式期）

ガド族と連合していたイッサカル族は、三輪山を中心に定着した。筑紫の三輪（福岡県朝倉郡三輪町）から移ってきた三輪氏などであり、彼らが祭祀を担った。なお、纏向の太田地区などには大田氏系の先祖も居住した。

同じく連合していたゼブルン族は、葛城《かつらぎ》などに定着した（葛城氏など）。ヤマト政権初期の地＝卑弥呼の「邪馬台国」説もあるが、それは誤りである。

東鯷国（奈良）と地方との交通・交易の状況は、東鯷国（当時の奈良盆地・鮭文化の国）の出土品を分析すると、この国への搬入土器が一五％以上あることが分かった。その地方毎の割合を調べると、東海四九％、北陸・山陰一七％、河内一〇％、吉備七％、関東五％、近江五％、西部瀬戸内海三％、播磨三％、紀伊一％となっている（『纏向』一九八〇年版参照）。

このことは、当時これらの国々と交通・交易が行われていた証《あか》しであろう。
また、東鯷国は鉄鐸・銅鐸文化の国で、水と火の祭が三輪山を中心に行われていた。

〔三輪山遺跡の考証〕

猿田彦命は「われ死なばサナエヒ（銅鐸）が鳴らん」と言った（『水尾《みお》神社縁起書』）。当時、土抗《どこう》を使った祭祀が行われていて、その遺跡として、辻・東田両地区から土抗百五十基が出土している。直径四メートルの土抗（深い穴）を湧水点まで掘削し、祭祀で使用した祭具類を投棄していたのである。

その中から、火を受けた遺物が多く出土する。この出土遺物が『延喜式』の「新嘗祭《にいなめさい》」の条に出てくる品目と一致している。また『隋書』および『後漢書』にある高句麗の穀母神を祀る東盟祭の「大穴」にも類似している。

土抗四（辻地区）の側の建物跡（二間《けん》×一間）も祭祀跡と思われる。その主軸方向を東南の三輪山に向け、その山を意識して建てられたかのようである。

三輪山は、縄文・弥生時代からの旧い御神体で、本殿がない。縄文港川人や弥生苗族人の〝へビ信仰〟に彩られた「鉄と水稲」文化をはぐくむ聖山である。

東鯷国最後の王は『紀』の兄宇迦斯《えうかし》のモデルとして登場している。だがこれは、三世紀初頭の、いわゆる「神武東征」の〝敵役《かたきやく》〟として出てくる人物である。

真相は、二一三年、高句麗から渡来した神武らによって筑紫の委奴《いど》国が滅ぼされたのち、イスラエル北朝系大国主命の長男らが二十年かけて奈良盆地に亡命して、二三〇年頃、ユダヤ南朝系東鯷国のガド族らを六十七年ぶりに攻撃し、今度は〝根絶やし〟にしようとして徹底的にやった。それを「神武東征」神話にすり替えて『紀』の「兄宇迦斯《えうかし》退治物語」とした、という次第であった。

「秦」以後の史書・漢人たちの「倭国伝」	中国の戸数と人口
1．後漢書倭伝（一～二世紀）	一千二百万戸　六千万人
2．魏史倭人伝（三世紀）	三国時代／群雄の逐鹿戦（中原に鹿を追う戦）
3．晋書倭人伝（三～四世紀）×	六朝時代／群雄の逐鹿戦（漸次～人口減少）
4．宋書倭国伝（三～四世紀）	六朝時代／群雄の逐鹿戦（漸次～人口減少）
5．南斉書倭国伝（五～六世紀）×	六朝時代／群雄の逐鹿戦（漸次～人口減少）
6．梁書倭伝（五～六世紀）×	六朝時代／群雄の逐鹿戦（漸次～人口減少）
7．南史倭国伝（五～六世紀）×	六朝時代／群雄の逐鹿戦（漸次～人口減少）
8．北史倭伝（五～六世紀）×	六朝時代／群雄の逐鹿戦（漸次～人口減少）
9．隋書俀国伝（七世紀）	九百万戸　四千六百万人
10．煬帝の海外遠征により衰弱（激減）	三百万戸　一千六百万人
11．旧唐書倭国日本国伝（七～八世紀）漸増	五百万戸　二千八百万人
12．新唐書日本伝（八～九世紀）×急増	一千四百万戸　七千万人

（以後、戸数人口～漸増）

（注1）この表は、陳舜臣著『中国の歴史』（平凡社）に基づいて作成した。
（注2）表中の×印は（一般に）史料的価値が低いとされている。

北倭人・南倭人とは何か

司馬遷の『史記』時代の『山海経《せんがいきょう》』「海内東経《かいだいとうきょう》」の地理誌を、江戸時代までの儒学者は、「蓋《がい》国（濊《かい》国）は鉅燕《きょえん》（遼東）に在り。南倭《なんわ》と北倭《ほくわ》は燕《えん》に属す」と読んで、門下生や塾生たちに教えていた。

それを明治時代に、東大教授の黒板勝美氏が「蓋国は鉅燕の南、倭の北に在り。倭は燕に属す」と誤読して、学生に教え始めた。

こうして明治以後の皇国史観による学校教育では、北倭・南倭の歴史を教えなくなり、扶余王神武が北倭人（高句麗人・東胡《とうこ》）を率いて南倭人の国（東表《とうびょう》国・のちの日本）を侵略した歴史を分からなくしてしまった。

そのため、学者や神官たちの間でも、神武天皇やその王妃・卑弥呼の出自を知らない人々が多い。そんな知識で、よくも神前で祝詞《のりと》が唱えられるものだと思うのだが、大学の教授や高校の先生たちも敬遠してこの問題には触れなかったから、卒業生たちも案外平気なのであろう。

『晋書』巻九十七、「四夷伝」中に、「もと男子をもって王となす。漢末……倭人乱れ、攻伐して定まらず、すなわち女子を立て王となす。名を卑弥呼という。宣帝（司馬懿仲達《しばいちゅうたつ》の尊号）の平《たいら》ぐる公孫氏なり」とある。これによっても、邪馬壱《やまい》国女王卑弥呼の出自は明らかである。また、鹿島曻氏の翻訳した朝鮮の史書『桓檀古記《かんだんこき》』には、神倭《かむやまと》イワレヒコ（神武）の出自がちゃんと書いてあるが、大学の先生方はそれらを密かに読んでも〝知らんふり〟をしている。

『契丹北倭記《きったんほくわき》』の「北倭人」と「南倭人」について述べると、契丹《きったん》（のちの遼《りょう》）三族のうち、室韋蒙瓦部《しついもうわぶ》は雲南省の瓦族と同民族で、満州に残留した北倭人であり、同族の庫莫奚《こまき》は扶余濊《かい》族のことで、やはり北倭人である。

また、契丹の王妃族蕭氏《しょうし》と沖縄の王家尚氏《しょうし》は同族で、新羅（加古島・始良郡《しらぐん》）の初期王家・朴氏《ぼくし》（バンチェン王ナーガ族の漢姓）の出身であった。

新羅・朴氏の祖＝南解次々雄《ナンカイジジュウ》（長髄彦）が狗奴国王であった

前三世紀から三世紀にかけて、狗奴国《クヌ》（沖縄・南倭人のクニ）は朴氏（クシャトリア）の植民地だった。すなわち、牛トーテムの王妃族蕭氏《しょうし》がバアル教（ユダヤ人の宗教）の神官「キキタエ」の家系であった（『契丹北倭記』「賁弥国氏州鑑《ひみこししゅうかん》」前史／参照）。そのため、『契丹北倭記』は朴氏の狗奴《くぬ》人（南倭人）を契丹族の祖としている。

三世紀以後の東日流《つがる》の荒吐五《あらとご》王国《おうのくに》は、扶余族と公孫氏の「北倭人」に追われた狗奴人が船団を組んで日本海沿いに移動し、亡命先に建てた植民地であった。また、沖縄の王家尚氏と契丹の王家の紋章はともに三つどもえで、新羅王家（金氏・蘇我氏）の家紋と同じであり、この紋章は今日の韓国の国旗にもなっている。

『契丹北倭記』はフェニキア人の史書だった

一九〇四年（明治三十七年）日露戦争の最中、陸軍経理将校浜名寛祐は奉天（瀋陽）郊外の

ラマ寺で古文書を発見して東京に持ち帰り、二十年の探求解読の末、『日韓正宗遡源《せいそうそげん》』として世に出した。さらに、その研究を深めた浜田秀雄・鹿島曻の両氏が適切な解説文を加えて『契丹北倭記』（別名「倭人興亡史」）を発表した。こうして、この『北倭記』が世界的にも珍しいフェニキア人の「史書」であることが明らかにされた。

以上を総合すると、『契丹北倭記』は「契丹前史」（番韓史）と「渤海前史」（馬韓史）を合成して、両者（日韓両国民）が東アジアの同一民族（同系の水田稲作民族）であることを主張しており、実に貴重な「古史古伝」であると理解されるのである。

三回も王朝が替わった「燕国」の歴史

ではなぜ、東大教授の黒板勝美氏に「燕国《えんこく》」のことが分からなかったのか。

それは、前十一世紀以後、「燕」という国が三回も王家がかわり、人民もかわった。それに応じて前三世紀以来、箕子朝鮮が「奇子朝鮮」になり、番韓↓馬韓↓辰韓↓三韓（高麗・百済・新羅）へと発展した歴史が、秦始皇帝の「焚書坑儒」およびそれを真似た三韓の三度にわたる「焚書」のため、非常に分かりにくくなっていたためであろう。

「鹿島史学」を引き継いで新たに解明した古代史は、次のように展開している。

智《ち》淮《え》氏《し》燕《えん》（カルデア人の燕）

前一〇一三年、イシン王国（バビロン国）の末期に、フェニキア人のマカン（海の国・番韓）がウラルトゥとともにアッシリアと戦った。その結果、アッシリア王シャルマネサル二世の攻撃によりイシン（殷の本国）が滅んだため、番韓のヤードゥ族は海に浮かんでインドへ逃れ、ウラルトウ（潘《はん》族）は北方ヴァン湖（トルコ）周辺に退き、シャキイ族（宛《えん》族）は南に下って、のちに河南省南陽《ナンヤン》（宛《えん》）の徐《じょ》氏となった。

このとき、カルデア人は、アッシリア軍に捕われていたイシンの王族・子叔箕賖《ししゅくきしゃ》（シンマシュフ王）を奪い返し、はるばる航海して渤海湾に至り遼東半島に上陸した。そしてカラキに築城して国を建て、辰迂殷《しんういん》、すなわち「箕子《きし》朝鮮」と名付けた。

これを、『契丹北倭記』は次のように記している。

「ここに至り、アッシリアおよび周王朝（中国におけるアッシリアの分国）は、イシン（殷の辰国・箕子朝鮮）征討を断念し、その王箕子《きし》を封建（諸侯）にしようとしたが、箕子はこれを拒否した」

前一〇〇六年、アッシリアのバジ王家とエラム人が攻撃してきたので、箕子の一族はシルクロードを辿り、金鉱のある湖底の都イッシク・クルに退いて都した。

その歴史について箕子国の史書『辰殷大記《しんいんだいき》』は「箕子は老いて子がなかった。王はまさに東に引かんとして、海の国の末王カシュナディンアッヘ（前一〇〇六年~前一〇〇四年）の王子を養子とし、ついで没した（八十六歳）。この王子は倭国史の天《あめ》の国常立尊《くにのとこたちのみこと》である」と述べている。これが第一の燕である。

この燕について、司馬遷の『史記』は、「前四六二年、周の武王が、殷の王族・賢人箕子を朝鮮王にした」と記しているが、その「賢人箕子」の記事は、『史記』のフィクションであった。

召公《しょうこう》の燕（エラム人の燕）

前六世紀、河南省洛陽北方の平陽に移民したマカン人（番韓人）の集団が中原《ちゅうげん》に「韓」（首都・鄭《てい》）という小国家をつくった（戦国時代）。

前三二四年、アレキサンダー大王の東征軍に従った、エラム人の将軍サトラップと同僚のマザウエスは、シルクロードを驀進《ばくしん》して長安に至り、ついに洛陽の「韓」攻撃に参加した。やがて大王の軍が、中国先住民の治め難さを知り、インドへ転進して引き揚げたのちに、将軍マザウエスの部隊が韓人（番韓人）とともに遼東に移動して「奇子《きし》朝鮮」を建て、先住のカルデア人の遺民をも吸収した。これが第二の「燕」である。

やがて漢人たちは、前者カルデア人の燕を「智淮氏燕」と呼び、後者エラム人の燕を「召公の燕」または「セラミス軍団の燕」と呼んで区別するようになった。かくして、奇子朝鮮の王族以下が満州に先住していたチュルク人や匈奴（フン族）と盛んに混血し、「東胡《とうこ》」と称した。その中で、中山《ちゅうざん》国鮮虞《せんぐ》の胡人《えびすじん》が主な東胡となった。その東胡の鮮卑《せんぴ》族から契丹・コマ奚《き》・室《しつ》韋《い》の三部族が生まれ、さらにそこから蒙古族が誕生した（耶律羽之《やりつうし》撰、鹿島昇解『倭人興亡史』

Ｉ・Ⅱ参照）。

前一九五年、漢がエラム人（召公）の燕を滅ぼした。このあと、漢に屈服した燕人衛満《えいまん》が、奇計をもって奇子朝鮮を滅ぼし、王倹城に衛氏《えいし》朝鮮を建てた。

前一二八年、奇子朝鮮の上将卓《たく》が一族を率い、楽浪郡月支《げっし》（平壌《ピョンヤン》）に辰国《しんこく》（中馬韓《ちゅうばかん》）を建てた（のちの馬韓建国史）。このとき、奇子朝鮮と行動を共にしていた秦の亡命ユダヤ人「失われた十部族」のうち七部族が南下して、慶尚南道（慶州）に馬韓の分国を建て、辰韓または秦韓と称した（『契丹北倭記』＝「倭人興亡史」）。

前一〇八年、漢が衛氏朝鮮を滅ぼし、楽浪《らくろう》・臨屯《りんとん》・真盤《しんばん》・玄菟《げんと》の各郡を置いた。

公孫氏（大物主命）の燕

公孫氏（ユダヤ人イッサカル族）が史書に登場するのは『魏志』からである。その紀は、「度《たく》、中平六年（一八九年）をもって遼東に拠る。淵《えん》に至るまで三世なり。凡そ五十年にして滅ぶ」と記している。

公孫氏の先祖はソロモン王の子孫たちの時代、イスラエル王国よりタルシシ船でインドシナ方面に渡来し、メコン河流域・バンチェン文化圏の支配者となった。王家の次男であった公孫《こうそん》燕《えん》はバンチェンに十五年ほどいたが、しばらくしてセレベス島のメナドに移った。そのあと長男がバンチェン支配を受け継ぎ、次男であった燕は分家したわけである。しかしながら、やがて二十年後、公孫氏のバンチェン支配は終了したようだ。

後漢の末期（二世紀）、セレベス島を本拠としていた分家の公孫燕がクメール人を引き連れて、中国遼東へと大移動した。公孫氏系のコロニーがあったボルネオの港を経由し、東シナ海沿岸（公孫氏らタルシシ船の要港・河南省を含む）を経ての長途の旅であった。ようやく長旅を終えた一行は遼東に定着した。

こうして公孫氏は戦国時代の諸侯となり、やがて燕の子・公孫域《いき》が遼東の玄菟《げんと》郡太守となった。ちなみに、メナドとはフェニキア人が日本に渡来して各地に「津《つ》」を作り、それを港《みなと》と名付けた語源の地である。今でもメナド人は鰹《かつお》のぶつ切りなどを好んで食べるが、観光客に接する娘さんたちも古《いにしえ》の〝大和撫子《やまとなでしこ》〟そっくりである。

漢の中平六年（一八九年）、域《いき》の子・公孫度《たく》が遼東太守から燕国《えんこく》の王（在位一八九年～二〇四年）として独立するに至った（大物主命の燕）。

次に度《たく》の長男・公孫康《こう》（事代主命／二〇四年～二二一年）が在位し、在位中、扶余族とともに南下して帯方郡（ソウル／ボルネオ語の発音・新しき邑の意――韓国ではソウルの語源を巡って異論があるようだが、これが本当の語源である。ちなみに、古代ボルネオ語は現在のフィリピン語として残されている）を建て、さらに南下して九州の投馬《とうま》（加古島）国王となった。「国史」はこの王を道臣命《みちのおみのみこと》・大物主櫛甕玉命《おおものぬしくしみかたまのみこと》とも称している。

次に、度の次男・公孫恭《きょう》が燕王（二二一年～二二八年）として在位し、続いて、恭の長男・公孫淵《えん》（二二八年～二三八年）が即位したが、二三八年、魏の司馬懿仲達《しばいちゅうたつ》（のちの宣帝）によって滅ぼされた。これが第三の「燕」である。

公孫度《たく》は日本史では大物主命（大神氏《おおみわし》）であり、康《こう》が事代主命である。また、度の次女のアヒラツヒメが扶余王尉仇台二世（神武）の先妃となった。先妃の死後、度の宗女（長女）が百済王仇首（神武）の後妻となり、夫唱婦随して、いわゆる「神武東征」を行った。これが『魏史』倭人伝にいう卑弥呼である。

歴史的流れの中で

公孫度の宗女卑弥呼とその娘壱与《いよ》など、イッサカル族が支配した安羅《あら》国の歴史的流れの中に、倭国の女王の額田王《ぬかだのおおきみ》・大伴氏の王家があった。

スマトラ島にユダヤ・ゼブルン族の拠点があったが、そこから日本へも渡来している。彼らは、沿岸潜水漁労民を実体とする「倭の水人」（「三国志」の作者・陳寿の文）と記された海人である。彼らの氏神は宗像《むなかた》神社の三女神であった。潜水漁労に海女《あま》が中心勢力として従事していたことが関連している。

また、海人族たちが航海上オリオン座を重視していた反映として邪馬壱《やまい》国の「三神信仰」が生まれたと考えられる（他にも海人族の三神神社として綿津見神社および住吉神社がある）。出雲の蘇民地方の土地神である大国主命と、委奴国最後の王であった大国主命とは全く違う別人である。蘇民将来・出雲大社の大国主命は、歴史的流れの中で生まれた旧《ふる》いガド族の「現地人の氏神」（荒神《こうじん》様）であった。委奴国の大国主命はシメオン族土師《はじ》氏の族長で、のちに渡来した扶余王仇台＝神武によって殺されている。

「記紀」神話にはいろいろな「話」が集約されている

このように、「記紀」は各地のいろいろな勢力の話を集めた形で成立している。天照大神が岩戸に隠れていたとき、その前で踊ったのがエブス人の天鈿女命《あめのうずめのみこと》だが、この儀式は、当時の勢力が皆仲間なのだという風に歴史を作り変えるため書かれたものである。天照大神が生んで、大国主命の妻になった神々＝宗像三女神《むなかたさんじょしん》（田心姫神《たごりひめのかみ》、湍津姫神《たぎつひめのかみ》、市杵島姫神《しきしまのひめかみ》）は、イエスと同じ古代ユダヤのゼブルン族出身である。

こういった点で、歴史を研究するさいには神話の部分と内実の部分の絡みというものを明確にしていく必要があるのだが、それと同時に、各神社に残っているいろいろな神楽《かぐら》の中の物語に、最初は原始的だが頑固なまでに何度も繰り返されている部分があるので、そこに歴史の隠された真実が種々あると思われる。それらを実地に積み重ねて歴史を掘り下げていくことが必要である。

そういう意味で、大国主命の国譲りの話は、大国主命を攻め滅ぼした話を「譲ってもらった」話にした。だから、武甕槌命《たけみかづちのみこと》が大国主命のところへ行って国譲りを頼んだら、私は身を引いた身分だから、息子の事代主命に聞いてくれと言った。そこで、釣りをしている事代主のところへ行くと、大けがをしてそのまま海に沈んでしまった。これは自殺したのかも分からないし、大国主も消えてしまった。ただ一人、子供の建御名方命《たけみなかたのみこと》が抵抗して諏訪に逃げていくが、武甕槌命はそれを追いかけて降参させたという話になっている。

要は、話し合いで国を譲る、譲らないの話ではなく、これまであった既存勢力を潰して新たな支配をしていった話をこのような物語にしているわけだ。猿田彦命と天鈿女命の話でも、九州では猿田彦命が新しく来た嫁を喜んで迎えるのではなく、拒絶している話も残っていて、しょうがないから天鈿女命は思い切って「裸」になって、現代風にいうとストリップショーを演じるというもので、これは天鈿女命が猿田彦命の怒りを静めて懐柔していくことを表している。

北九州の玄界灘に浮かぶ「海の正倉院」といわれる沖ノ島のような天《あま》の国、つまり海人の国、そこから実際は「天孫降臨」が起ったと思われる。沖ノ島は女人禁制の島だが、先述したように対馬には阿麻氐留《あまてる》神社というのがあって、そこの言い伝えで、十月の出雲大社の神無月《かんなつき》に出雲に集まってくる神々で、一番最後にやって来て、一番最初に帰る神がアマテルだったという。もしもアマテルの方が偉いのだったら、こういう話にはならなかったはずである。このような話を収録しながら、歴史というものをつかんでいかなくてはならないと思う。

『高句麗本紀』の虚構と実像

一六五年、東表国エビス王の海部知男命《あまべしるおのみこと》（＝将軍・明臨答夫《めいりんとうふ》）が高句麗を攻め、次大王《じ》を殺した。そのため、高句麗王には新大王《しん》（伯固《はくこ》）が代わって即位した。

『高句麗本紀』によれば、「この新大王には四人の王子がいた」と記されている。だが、本当の実子は長男の発岐《ばっき》王（涓奴部《けんぬぶ》・五瀬命《いつせのみこと》）および次男の故国川《ここくせん》王（桂婁部《けいろぶ》・男武《おぶ》・稲井ノ命）の二人である。別に、三男の山上《さんじょう》王（延優《えんゆう》・位宮《いきゅう》・三毛奴命《みけぬのみこと》）および四男の罽須《けいす》（貴須王・尉仇台二世・仇台・仇首王・若三毛野命《わかみけぬのみこと》・神倭《かむやまと》イワレヒコ＝神武）を新大王の子であるとしているが、本当の子ではない。

山上王と罽須は実の兄弟で、ウラルトゥ人（フェニキア人とヒッタイト人の混血）の血筋であるが、その扶余族と同盟を結んで東表国（千年王朝）の権威に対抗するため、新大王はこの二人の王子を養子にしたのである。

こうした修史の結果、『高句麗本紀』は「新大王には四人の王子がいた」となった。『倭人興亡史』（＝『契丹北倭記』）の第七章に「神祖・新大王（伯固）は、故国川王（男武）をマコクに、山上王（延優）をヤコクに、難升米《なしめ》（尉仇台二世妃・アヒラツヒメ）を楽浪に、罽須（尉仇台二世）をサハキ（扶余）に、発岐（五瀬命）を沖縄に配した」とある。

だが、これは高句麗史官による（後世の）粉飾修史であり、このころ五加（五部族）がこのように配置されたと解すべきであろう。

一六七年には東扶余のウガヤ王五十一代夫台（〜一八〇年）が二万の兵をもって玄菟郡を襲う。そして一七九年、高句麗新大王が崩御し、次子故国川王（〜一九七年／伊夷謨《いいも》）在位する。この時の後継者争いに敗れた発岐が、涓奴部三万人を率いて遼東侯・公孫域にいったん降服したが、のちに再び沸流水《ふつりゅうすい》（の畔《ほとり》）に帰る、とある（『契丹北倭記』）。

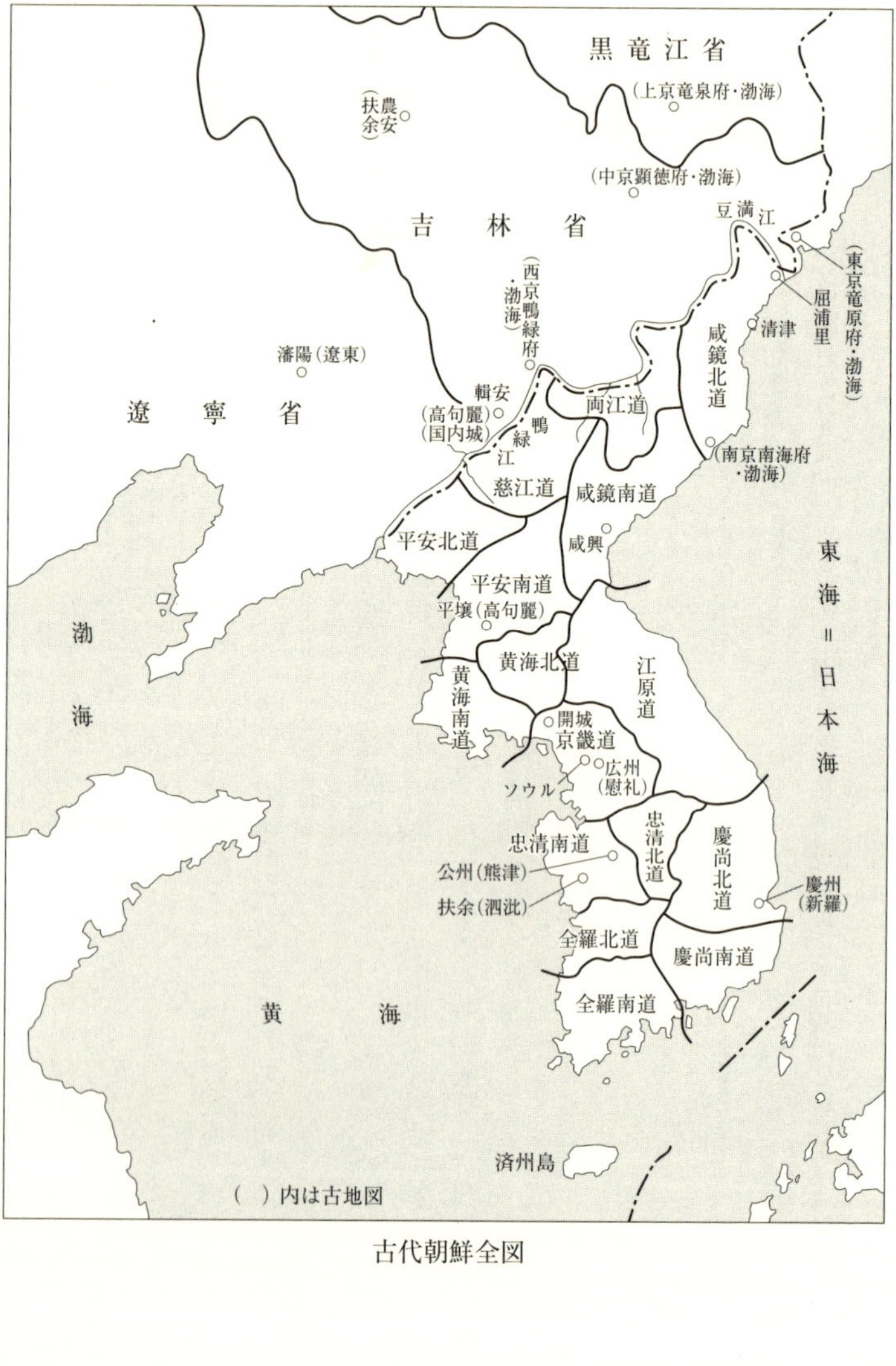

黒竜江省
（上京竜泉府・渤海）
（農安扶余）
（中京顕徳府・渤海）
吉林省
豆満江
（東京竜原府・渤海）
屈浦里
清津
咸鏡北道
（西京鴨緑府・渤海）
瀋陽（遼東）
遼寧省
輯安
（高句麗）
（国内城）
鴨緑江
両江道
（南京南海府・渤海）
慈江道
咸鏡南道
平安北道
咸興
平安南道
平壌（高句麗）
東海＝日本海
渤海
黄海北道
黄海南道
江原道
開城
京畿道
広州（慰礼）
ソウル
忠清北道
慶尚北道
忠清南道
公州（熊津）
扶余（泗沘）
慶州（新羅）
全羅北道
慶尚南道
全羅南道
黄海
済州島
（ ）内は古地図

古代朝鮮全図

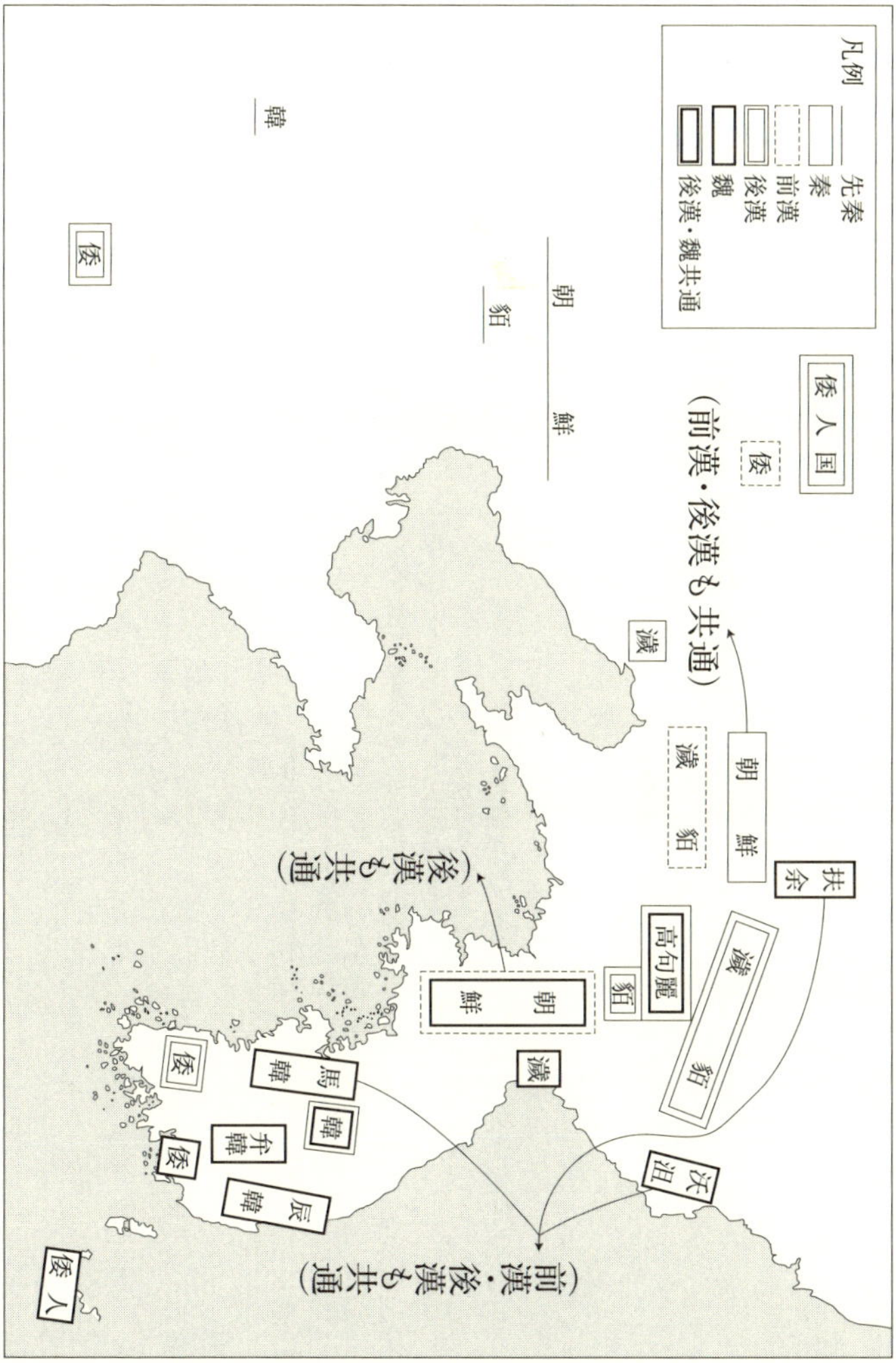

3世紀以前の中国人の東方異民族居住地域（図）

●参考資料／井上秀雄著・NHKブックス『古代朝鮮』

一八〇年、東扶余のウガヤ王五十二代尉仇台二世（罽須／〜二三四年）が、一八九年には遼東の燕王・公孫度《たく》（遼東侯公孫域の長男・大物主命／〜二〇四年）が在位した。

一九七年には高句麗新大王の三男・山上王（延優／〜二二九年）が在位し、このとき（〜八年）、輯安《しゅうあん》（集安市）に丸都城《がんとじょう》を築城した。同年、山上王の弟・罽須（尉仇台二世）が公孫康《こう》（度《たく》の長男・事代主命）を破る。

この戦の後、罽須（のちの神武）と康（のちの投馬国王）は和睦して婚姻関係を結ぶ仲になった。つまり、公孫度（大物主命）の次女アヒラツヒメが罽須（神武）に嫁ぎ、罽須の妹・武《たけ》熾媛《おりひめ》が康（事代主命）に嫁いで、互いに義兄弟となったのである。のちに、妹アヒラツヒメの死後、姉の卑弥呼が神武の後妻となり、共に「九州征服」の侵攻作戦を遂行した。そして神武の死後には、邪馬壱国の女王となった。すなわち、公孫度の宗女（長女）が卑弥呼であり、その実弟が康（櫛甕玉命《くしみかたまのみこと》）であった。

この関係を正しく理解しないと、この時代の歴史は分からなくなる。

ニギハヤヒノ尊が渡来して「多婆羅国」へ参入した

二〇四年、北扶余（後期王朝）の王族でアーリア人の血が少し濃いガド族々長であった饒速《にぎはや》日尊《ひのみこと》が、白丁軍団を率いて日本列島への大移動を開始した。「白丁」というのは朝鮮の被差別カーストで、日本の白丁隼人と同じである。

これより先の紀元一年頃、彼らの先遣隊がフェニキア人のアメニギ氏（＝エビス系濊《かい》王陜《きょう》父《ふ》）に率いられ、阿蘇高原経由で熊本へ渡来し、多婆羅国を建てていた。

そこへ今度は、二〇四年、ニギハヤヒノ尊が率いる白丁軍団と、インド伝来の同族（クシャトリア・マラ族と海人族メルッハ人の集団）とが連合大船団を組んで清津《チョイチン》港を出発し、はるばる渡海して熊本港（バカン）の多婆羅国へ参入した。

これを『先代旧事《くじ》本紀』「天神本紀」は次のように記している。

「天照大神《あまてるのかみ》、皇太子尊に謂って曰く『豊葦原千秋長五百秋長瑞穂国《とよあしはらちあきながくいほあきながきみずほのくに》は、乃《すなわ》ち吾が皇太子・正哉《まさか》吾勝速日天忍穂耳尊《あかちはやひあまのおしほみみのみこと》のまさにもって知るべき地なり。爾《なんじ》皇子宜しく往きて之を知るべし』と。此れ、日嫡をもって吾が国主と為す、を説くの元なり。皇太子尊、巳《すで》に詔命を奉じて天を降るの時高産霊尊《たかきむすびのみこと》の女をもって皇妃となす。而して天照地照天火明梳玉饒速日尊《あまてるくにてるあめのほあかりくしたまにぎはやひのみこと》を生む。天照大神、乃ち饒速日尊に天璽瑞宝十宝《あまつしるしのみずたからとくさ》を賜う。乃ち三十二神をして供奉し之を衛護《えいご》せしむ。また五部の神を添えてもって従となし、而して之を奉ぜしむ」

軍団五加（五部族）の神名（族長名）を記し、のちに、これらの首長が各地の連《むらじ》（国主）になったこと、および船団の船長・舵取名などを加筆している。そして末尾に以下のように記している。

「此れ、君《きみ》行き臣《しん》従うを説《と》くの元なり。饒速日尊、已《すで》に天照大神の詔《みことのり》を奉じ、天《あめ》の磐船《いわぶね》に乗り太虚空《おおぞら》（天空）を翔《か》ける。もって此の国を巡視して河内国河上の哮峯《いかるがのみね》に降り、乃ち曰く『虚空《そら》所見日本国《みつやまとのくに》はこれか』と。而してのちに大和国鳥見白庭山に遷る」

この『先代旧事本紀』は、ニギハヤヒ王朝史にウガヤ王朝史を加えて合成したものであって、八世紀に撰上された「記紀」に合わせて修史したものであろう。

例えば、末尾文中の「哮峯」は「斑鳩《いかるが》の峰」とは書いておらず、哮峯（吼える峰）という文字が当てられている。また、「而してのち（九州から）大和の国に遷った」となっており、この「天神本紀」が後世の修史であることを暗示的に認めている。

すなわち、このニギハヤヒノ尊が率いた白丁軍団というのは、各部ごとに編成された傭兵軍団だったのであろう。このように考えると、その後の古代史の展開がよく理解できる。日本の古代→上代→中世と続いた歴史の中で、この傭兵（近衛兵士）たちの果たした役割は大きい。それは各時代の節目毎に、同族・貴族の傭兵となって活躍した濊貊《かいはく》兵（常に帯刀していた武士）らによる杖刀《じょうとう》戦法の功績であった。

ニギハヤヒ軍団はこのとき、球磨川を遡り人吉盆地の相良《さがら》郡に居を構えたが、これがのちに朝廷の傭兵（家事奴隷→さぶろうヒト→サムライ→侍→武士）となった白丁隼人の起こりである。彼らは平安時代に、桓武（百済）朝廷の傭兵軍団となって「アテルイの乱」などで活躍した。その功績の後、大内裏を守る近衛兵士となって、南朝系天皇家のために忠誠を尽くすようになった。

すると、やはりニギハヤヒノ尊の渡来は、第四回目の「天孫降臨」となるのである。

第五回目の「天孫降臨」

高句麗の内紛＝発岐と延優の争い

二〇四年、燕王・公孫度《たく》（大物主命）崩御。長男康《こう》（事代主命）が即位し、二〇五年には、燕王・公孫康が楽浪郡南部を分割し、帯方郡（漢山《ソウル》）を設置した。これより倭人と韓人は「郡」に属すようになったという。

二〇九年、高句麗の山上王（〜二二九年／延優）が長兄発岐《ばっき》と対立し、延優は丸都城《がんとじょう》に新国を建てた。そのため、発岐は独り別行動をとって沸流水の畔に自身の王国を建てた。だが翌年、発岐王は新たに立志。高句麗出征軍として南下していったため、のちに、その長子が涓奴部《けんぬぶ》遺民を率いて新国と合流し、高句麗本国を強化したという。

高句麗軍の南征＝「神武東征」の始まり

二一〇年、発岐王は立志して倭名を五瀬命《いつせのみこと》と名乗り、東扶余のウガヤ王である五十二代罽須《けいす》（倭名・磐余彦命《いわれひこのみこと》）とともに「北倭」（東夷諸族の残留兵団）を率いて南下を始め、九州博多に上陸して橋頭堡を築いた。これを「記紀」は「神武東征」の始まりとしている。このとき、扶余王罽須（神武）と同盟していた公孫康（事代主命・帯方郡守）もチャム人（胡人）を率いて九州へ渡来し、奴国《ぬこく》（阿多半島）および日向西都原《さいとばる》（宮崎県）に投馬《とうま》国を建てた。

この三豪族は同盟して、東表国の領域内に築いた橋頭堡を守るためと、併せて約五十年前（一六三年）に旧伊勢国（筑紫・九州）を追われた猿田彦ら（ガド族＋ユダヤ南朝系部族）の仇を討つため、大国主命（シメオン族）らの委奴国を攻めることにした。

高句麗水軍と、狗奴国水軍の戦

「記紀」および『東日流《つがる》外《そと》三郡誌』によれば、「このとき、朴氏（南倭人）の王・長髄彦が狗奴国（沖縄）を基地にして出撃し、楽浪郡（平壌《ピョンヤン》）から南下した発岐王（五瀬命）の涓奴部水軍を破った」という。

だが、これはその戦場をいきなり浪波《なにわ》の海（大阪湾）に設定したりして、どうも粉飾くさい。またその後、「記紀」は神武軍が難波《なにわ》からの上陸をあきらめ、熊野から奈良へ入るコースを辿ったとして「八咫烏《やたがらす》の先導」物語などを華々しく記録しているが、これも私の検証ではすべてフィクションであることが判明した。

神武らが南征して委奴国を滅ぼし、遺民たちは亡命東遷した

二一〇年、神倭《かむやまと》イワレヒコは橋頭堡から攻め込み、同時に公孫康は南方の有明海から上陸

し、相呼応して委奴国（博多および吉野ヶ里の「環濠集落」）を挟撃した。これに対し、委奴国の人々は数年間も勇敢に戦い続けたが、先頭に立って戦っていた大国主命（シメオン族々長）が遠矢に当たって戦死したため、急速に戦う意欲を喪失した。

こうして二一三年、大国主命の委奴国は滅亡した。

その時、王家の人たちも志賀島で、金印を遺棄して各地に逃げるという事態になった。このシメオン族の集団は約二千人であったが、やがて態勢を立て直し、約二十年かけて、各地に拠点を築きながら近畿へと向かった。

神武らに敗れたシメオン族の土師氏らは博多湾志賀島から乗船して出雲へ逃れ、先住していた猿田彦らのガド族（およびイッサカル族）を駆逐して、新しい出雲王朝を建てた。土師氏らは新しい四本柱の大社を建て、その祭神を大国主命とし、併せて八百万の神々（ユダヤ十二部族の神々＋倭王たちの氏神）を祀った。

このとき、約半世紀前の一六三年以後、出雲に六本柱の出雲大社を建てていた猿田彦のガド族らは、二一三年、再度シメオン族に追われたため、イッサカル族を伴って中国、四国、近畿、諏訪の各地に移り居住した。その後、彼らは志摩半島に先住していたゼブルン族と協定して、三重県の地に新伊勢国を建てている。

委奴国にいた別のユダヤ人（シメオン族・レビ族・ルベン族）および苗族らの遺民は、急きょ、博多から乗船して瀬戸内海を東遷したが、その途次、一行のうち五百人は古周芳《すは》の徳山湾

（ガド族の旧伊勢社跡）に滞留して、秦人たちの「分国」を建てた。そのため、この地に先住していたガド族たちは簡単に追い払われてしまった。

すなわち、このあと豊《とよ》の国（大分県）から宇佐八幡宮の神霊を奉じて亡命してきた東表国のエブス人（宇佐氏・中臣氏）の約二千人と、蘇我氏の約一千人が一団となって渡海し、徳山湾の旧伊勢社跡に合流して、遠石《といし》八幡宮（宇佐八幡の分霊を祀る旧石清水《きゅういわしみず》八幡宮）を建てた。彼らは相協力して古周芳の徳山湾一帯および大畠瀬戸の石上《いそのかみ》神社の領域（楊井《やない》水道）を占領し、秦王国の分国「周芳国《すはのくに》」を建てたのである。

このとき、古周芳の諏訪神社（柳井市日積）の「たたえ祭」（大畠瀬戸を渡海する神事）が、猿田彦一族の亡命とともに、オロッコ人・縄文人の故郷・信濃の諏訪神社（古上社《かみしゃ》）へと伝承されていった。それが今日まで伝わる長野県諏訪神社（上社《かみ》・下社《しも》）の「たたえ祭」のルーツであろう。すなわち、大畠瀬戸の荒い海が穏やかにたたえられたとき、対岸の纏向日代宮《まきむくひしろのみや》（大島町の大多満根《おおたまね》神社）へ御供物船が渡御《とぎょ》されていた。その「神事」をガド族やゼブルン族が直伝したものであった。

この旧い神事と地名は、石上神社（大畠町のシカミ）から遷移して天理市の石上《いそのかみ》神社（布都《ふつの》御魂《みたまのつるぎ》剣や七支刀《ななさやのたち》などの神宝を祀る大社）に至り、さらに石神（シャクガミ／信濃の諏訪神社）→石神井（シャクジイ／東京都練馬区）へと東遷し、伝承されていった。

荒吐族の誕生＝東北王朝の成立

二四五年以降、狗奴国《くぬ》（沖縄）王長髄彦《ながすねひこ》（フェニキア人とアイヌ系縄文人の混血族々長）らの亡命・移動で、東日流《つがる》に「荒吐五王国《あらとごおうのくに》」（高句麗系五部族のクニ）が誕生した。この荒吐五王国＝東北王朝の成立後、荒吐族系は安倍氏・安東氏・藤原氏（高句麗系の藤原氏）となり、アソベ族（オロッコ人）系は秋田氏に、シメオン族（ユダヤ系）は津軽氏・南部氏になった。なお、東日流《つがる》十三湊《とさみなと》は、超古代から知られる国際貿易港であった。

海人族の守り神「三女神」の由来

またこの時、委奴国の加古《かこ》（水夫）たちはグループごとに、大国主命の後宮《ハレム》にいた三人の妻（ゼブルン族出身の〝ヒルメ〟たち）を奉じて各自のコロニー（港）へ引き揚げると、海人族の守護神・三女神として祭祀するようになった。

さて、ここで、「ヒルコ」と「ヒルメ」について述べておく。

まず「ヒル」とは古代語で大腸のこと。「ヒル」のあとに男を示す「コ」、女を示す「メ」といった接尾をつけ〝ヒルコ〟および〝ヒルメ〟となった。これは、大腸を人格化させた古代人の男女の太陽神のことである。元々は港川人（縄文人）が持っていた神であった。それが、新たに渡来した弥生人にこの神が取り込まれ、転用されていった。そのため、「ヒルコ」は三歳になっても脚が立たず、葦の小舟に乗せて流してしまうという神話が創られた。それは、イザナミの方から先にイザナギに「美哉善小男《あなにえやえおとこ》」をと、声をかけて生まれた子だからというわけである。その神話には「先に、女から男へ求婚してはならない」という男社会のイデオロギーが表されている。

しかし、今日まで〝ヒルコ〟〝ヒルメ〟を御神体として祀っている神社はいくつか存在している。それは人々の意識が時代とともに、いつしか変わったことを表している。そして「記紀」も海人族の守護神・三女神を「大国主命の裔《すえ》」と記しているが、その神社名は以下のとおりである。

・**多紀理毘売命《たぎりひめのみこと》（または奥津島比売命《おくつじまひめのみこと》）**……胸形《むなかた》の奥津宮《おくつのみや》に鎮座

・**市寸島比売命《いちきしまひめのみこと》（または狭依毘売命《さよりひめのみこと》）**……胸形の中津宮（兼）厳島神社に鎮座

・**多岐都比売命《たぎつひめのみこと》**……胸形の辺津宮《へつのみや》（いまの宗像神社）に鎮座

秦王国の成立

委奴国遺民の秦人本隊は後続部隊を併せて徳山湾および楊井水道を出発し、なおも、猿田彦らの足跡を追って東遷を続けた。

讃岐の森広遺跡（香川県）を破壊し、攝津に上陸して利倉遺跡および河内の池上遺跡を次々に破壊して、一挙に奈良盆地へ攻め込もうとした。

だが今回の戦は、ガド族らの激しい反撃の前に敗退してしまった。致し方なく、彼らは転進して熊野方面に回りこみ、各部族の陣容を整えると、今度は勇戦して堅い防衛線を突破し、ついに奈良の東鯷国《とうていこく》を打ち倒して「秦王国」を樹立したのである。

「記紀」のいう「神武東征」神話は「神武軍は、難波から生駒山を越えて大和に向かったが、長髄彦に阻止されたため、今度は海上を廻って熊野から攻めることにした。こうして八咫烏を先導者として大和に入り、長髄彦・八十梟師《やそたける》・土蜘蛛《つちぐも》らを滅ぼし、ついに（前六六〇年）、大和・橿原宮で即位した」となっている。

だが、今でも、熊野山中には長さ百キロメートルにも及ぶ石垣が存在している。これは東鯷《とうてい》国《こく》（二世紀末〜三世紀、奈良にあった猿田彦一族らの国）のガド族らが、ＡＤ二三〇年頃、侵攻してきたシメオン族との戦に備えて築いたもので、いわゆる「神武東征」の際の遺跡ではない。いわゆる「国史」の「前六六〇年、神武東征軍に対して長髄彦軍が築いたもの」という「説話」は全くのフィクションであり、その点では『東日流外三郡誌』のいう「長髄彦の大和大王」説も誤っている。

「記紀」および『三郡誌』のいう「神武東征」の史実はなく、すべてが紀元二三〇年頃の「秦王国建国史」をモデルにした修史＝史実の〝書き替え〟物語であった。

「神武東征」神話が〝リアル〟なわけ

秦氏（藤原氏）による歴史偽造

「神武東征」は神話で、全部ウソであるということになっているが、土地の名前とか、行き先とかが、よく捏造で作れたと感心するほど非常にリアルである。そのリアリティーには根拠があって、そういう歴史を、秦王国（秦氏《はた》）の連中が奈良にやってきて統治する際、全部、扶余族神武の東征話の中に組み込んでいった。「記紀」を作った人々もシメオン族で、秦氏は秦始皇帝以来の歴史偽造の専門家であった。つまり、その後の藤原不比等のような藤原家を代表する古代ユダヤ人たちであった。

『東日流外三郡誌』には、長髄彦が大和で天下人になっていて、神武と戦ったと書かれている。長髄彦というのは沖縄の王様で、神武と戦ったのち東国に転戦して、最終的には東北の地に行ったのだが、元々は高句麗（今の北朝鮮）にいた王族である。

奇子《きし》朝鮮というのはフェニキア人（今のアラブ人）が作った国家で、このフェニキア人にアイヌ系の血が入ったのが高句麗人である。また、フェニキア人にヒッタイト人の血が入ったのが百済人で、フェニキア人に匈奴《きょうど》（フン族）の血が入ったのが新羅人となる。

ともに、箕子《きし》朝鮮→奇子《きし》朝鮮を作ったフェニキア人の他民族との混血によって生まれた民族であるが、その北方に住んでいた人々の片割れが長髄彦で、二～三世紀には、琉球の王様になっていた。その人たちの末裔が、沖縄に多い苗字の中曽根さんや与那嶺さんというわけだ。このような流れの人々、つまり高句麗人たちは神武との戦いに負けて東北地方に行き、さらにアイヌ系との間に生まれたのが、『東日流外三郡誌』でいう荒吐《あらと》族で、安倍氏や安東氏、そして陸奥の中尊寺（岩手県平泉町）にいた奥州藤原氏のような、朝廷側から蝦夷《えみし》と呼ばれていた人々である。

荒吐五王一族・安倍氏の「家系」

ちなみに、その流れを汲んでいるのが安倍晋三元首相である。

一〇五一年（永承六年）から始まった前九年の役で、安倍貞任《あべのさだとう》らは朝廷側の傭兵（クシャトリア）源氏との戦いに敗れるが、その子孫たちが九州に逃亡して、平安末期の源平合戦で平家方につき、再び負けて捕まってしまう。ところが、源氏方は彼らを処刑せず流刑にした。その場所が山口県豊浦郡、その家系が養子縁組なども含めて連綿と続いてきて、安倍元首相の家系につながるという次第である。

その安倍家の血筋の流れを熟知していたのが、この方の父親であった。惜しくも癌で亡くなられた安倍晋太郎氏が総裁選に立候補する直前、岩木山において総決起・壮行会を行っている。その息子の晋三氏も、二〇〇〇年八月三十日、地元の自民党森派・衆議院議員の音頭とりによって安倍一族縁《ゆかり》の磐《いわ》神社（岩手県奥州市衣川区）にて総裁選必勝祈願祭を行った。このとき、晋三氏自身は忙しくて出席できず実弟の岸信夫氏が代行したのだが、これは安倍家が自分たちの出自の秘密を知っているからである。また、安倍家の宗家や先祖の菩提寺は越前ノ国・福井県若狭にあるという。

崇神天皇の夢枕に現れた「大物主命」

ところで、筑紫の平原王墓遺跡だけでなく、奈良の纏向にしろ、いろいろなガド族集落跡は各地で破壊し尽くされている。これを考古学者（森浩一氏）たちは、人為的な破壊であると喝破している。「九州王朝」説を唱えていた古田武彦氏も、これが近畿王朝（旧大和政権）の仕業であると看做《みな》していたようだが、実際はシメオン族によるものであった。そして、ガド族のみならず、三輪山では大物主と事代主を祭っていたイッサカル族も駆逐されてしまった。これが後に、一世紀以上経った後の「天皇紀」の撰上、すなわち、崇神《すじん》天皇（三四六年～三七五年）の条の「夢の中に大物主命が出てきた」という話につながるニュース・ソースとなった。

『紀』の記事にはこうある。

「疫病が国中に蔓延して人民も死に絶えるかと思い悩んでいた天皇の夢の中に大物主大神が現れて『意富多多泥古《おおたたねこ》（大田田根子）に我が御前を祀らせてくれたら、神の怒りが解けて国は平和になる』と言われた。すぐに意富多多泥古を捜させたら河内の美努村《みぬのむら》で見つけることができた。天皇はたいへん喜ばれて、意富多多泥古を神主にして御諸山《みもろやま》（三輪山）に意富美和之大神《おおみわのおおかみ》を祀ったら疫病は治まった」

これは当時、そういうように神を祭る人々が一掃されていたことを表している。ところが実際は、敵対関係にまでなっているのに、「記紀」の世界では、大国主命も大物主命も同じ神様であるとなっている。鹿島曻氏もこの点はあまり明確ではなかったように思われるが、私はその両者が全く別の神で、それぞれシメオン族の神とイッサカル族の神であり、区別されるべきものと考え、検証して整理している。

さて、こうしてガド族は一掃され、イッサカル族はわずかに残っていくわけだが、伊勢の方ではガド族が入って伊雑宮（三重県志摩市磯部町）を作っている。その後で伊勢神宮の内宮・外宮が出来ていく。

現存の神官・宇治土公《うちとこ》氏（猿田彦神社宮司）や渡会《わたらい》氏（外宮の禰宜《ねぎ》）はガド族の系統である。

本当の「神武東征」（実は南征物語）

神武東征と、五瀬命の戦死

委奴国（博多と吉野ヶ里）を滅ぼした後の「倭国」の歴史は次のようであった。

二一三年、このあと、神倭イワレヒコ（神武）は公孫氏と連合し東行して東表国を攻め、激しく争った。だが、なかなか決着がつかないためいったん和睦しておき、さらに南下して多婆羅国（熊本）へ攻め込んだ。そして、五瀬命・神倭伊波礼彦命・事代主命の連合軍が阿蘇山系の孔舎衛坂《くさかのさか》（日下峠《くさか》）で熊襲《くまそ》（ニギハヤヒ軍団）と衝突して激戦となり、先発隊の指揮を執っていた五瀬命《いつせのみこと》の右肘に流れ矢が当たった（狙撃手に狙われたものか）。五瀬命は散々苦しんだ後、ついに崩御した。「記紀」にも記されている。

高句麗王発岐（倭名・五瀬命）の遺体は竈山《かまやま》に葬られ、御霊は「草加《くさか》（日下部《くさかべ》）吉見神社」に鎮座して、涓奴部水軍および扶余族の後裔である阿蘇神社をはじめ高森町の方々が斎《いつ》き祀り、約千八百年の星霜を経て今日に至っている。

ニギハヤヒ尊が神武と和睦して「十種神宝」を譲る

二一三年、イワレヒコ（神武）は公孫氏と連合してさらに南下し、熊襲（多婆羅国・ニギハヤヒ軍団）と戦い、いったんは熊本付近で敗北したものの、エブス人である高倉下命《たかくらじのみこと》（東表国エビス王・安日彦《あびひこ》）の仲裁で和睦することになった。

これについて「記紀」には、「まず高倉下命は『天《あま》つ神の御子が天《あま》より降《くだ》ったと聞き追いかけて参った』と言い、宇摩志麻知命《うましまじのみこと》（ニギハヤヒノ尊の子）はこれを享《う》けて、『天《あま》つ神の御印《みしるし》（十種《とくさ》の神宝）を奉った』」と記されている。

すなわち、ニギハヤヒノ尊の「和睦説話」は、神武の伊都国（筑紫・北九州）と、陝父や濊《かい》族らの多婆羅国（熊本・南九州）との合体を示すものであった。この「十種神宝」の奉呈は王権の禅譲を意味し、以後、「三種神器」による天皇譲位の儀式となった。

こうしてみると、神武東征は「天孫降臨」の総仕上げであったことが分かる。

前二一三年、秦始皇帝の焚書坑儒によって始まったユダヤ人亡命者の「古代南北朝戦」が約四世紀を経てようやく一区切りを見せた。それが「神武東征」だったのであろう。

しかし、この古代南北朝の戦の根は深くなかなか終わりそうもない。ウガヤ王の五十二代尉仇台二世・百済王仇首・神倭イワレヒコ（神武）は、熊本の多婆羅国を合併したのち、博多の橋頭堡に帰還して、南郊・須玖《すぐ》遺跡（春日市）に一大基地を建設した。

ヘブライ語で綴る「神倭イワレヒコ」の意

神武天皇は神倭伊波礼毘古命＝カム・ヤマト・イワレ・ビコ・スメラ・ミコトであり、これはカム（創立する）、ヤマト（神の民）、イワレ（ヘブライ）、ビコ（高尚な）、スメラ（サマリア）、ミコト（皇帝）のことである。つまりヘブライ語で解釈すると、「サマリアの皇帝＝神のヘブライ民族の高尚な創設者」ということになる。

だが、本当に神武天皇は「日本ユダヤ王朝」の創設者だったのであろうか。

これに関連して、私は次のように「問題」を提起したいと思う。

神武天皇は非ユダヤ系で、ウガヤ王朝の嫡流。その神武に追われたユダヤ系のシメオン族らが奈良盆地に東遷し、先住していた東鯷国のガド族らを滅ぼして建てたのが秦王国である。したがって、神武天皇は日本ユダヤ王朝の創設者ではない。

それが『秀真伝』などではこの点が曖昧にされている。これはなぜだろうか。

最近の私の検証によると、奈良の秦王国もやがてその中心であったシメオン族の王家が衰退してレビ族王家に変わっている。そのなかで出てきたのがアメタリシホコという天子で、隋と「対等な交渉を望む」ということをやった人物である。それで、どうもレビ族の最初の人で継体天皇という人がいるのだが、実は、秦王国、シメオン族への王家の転換がモデルになっている。だから、二重・三重のモデルというか、『鹿島史学』ではそういう史観で問題を扱っていないが、六世紀の秦王国時代に、現実にあったというものが組み込まれているように、私には考えられる。

奈良では東鯷国から秦王国へ。九州では倭国から俀国への変遷の歴史が、「記紀」の中で二重三重に絡みあっている

北倭人を率いてきた神武と真っ先に戦ったのが、沖縄南倭人の王・長髄彦である。だが、彼は近畿には来ていない。戦った後、東国に行っている。

その後の「神武東征」は、近畿に行っていないのに、近畿での話は非常にリアルに書いてある。これは実は、奈良に東鯷国を築いていたガド族、イッサカル族、ゼブルン族らが伊勢志摩にも新しい伊勢国を建てていたことによる。そして今度は、神武にやられた委奴国のシメオン・大国主の一派がその後を追うように東遷して、各地でガド族系のコロニーを壊していく。そして約二十年かけて近畿にやって来る。

それを「記紀」では恰も神武が東征したような話としている。しかし、その中身は非常にリアルである。なぜそうなるかというと、実は六九四年、唐・新羅占領軍都督府の藤原宮へ昇殿して修史官となった藤原不比等（旧秦王国のシメオン族々長）が新しい日本のエリートとして登場した。つまり、新羅占領軍の中でのし上がっていくのである。そういう白村江《はくすきのえ》の戦後動乱期（奈良朝廷時代）に、藤原家というのが、天皇の摂関政治までいろいろやるような、そういう勢力になっていく。そういう人たちが自分らの先祖の歴史を「天皇家の歴史」の中に全部組み込んでいくという、こういうことをやり遂げたわけである。そういう点で、ものすごく〝リアル〟だということだ。

「神武東征」当時の「ヘブライ暦」

二一三年、神武らの攻撃で敗走した人たちが、まず、宇佐へ辿り着いて一息ついた。ここでエブス人系の中臣氏の宇沙都比古《うさつひこ》と宇沙都比売《うさつひめ》の援助で、追跡してきた足一騰宮《あしひとつあがりのみや》を殺し、それから蘇我氏の協力を得て立て直しをする。それでもう一度、竺紫の方の岡田宮《おかだのみや》まで引き返して、ひっくり返すのは難しいと判断し、阿岐之多祁理宮《あきのくにのたけりのみや》（豊前の阿岐）に到着して、というふうになっている。そこで「一年過ごした」というのだが……。

当時というのは、一年というのは半年のことである。だからヘブライの習慣として、旧約聖書なんかでも半年で一年の勘定になっている。日本でも百何十歳とか、天皇もすごい長生きをしたなと思うが、これは全部一年で二歳ずつ年をとっていくから、そういう二倍年暦だということを知っておくと、それほど驚く話ではないのである。

その名残は今でも日本にはある。例えば年賀状を出すが、暑中見舞いも出す。つまり年二回親しく挨拶し合う。休みも、お盆休みと正月休みの年二回。そういう習慣なのである。

だから、神社なんかで、六月の最後三十日か何かに縄で輪を作ったところをくぐるような「大《おお》祓《はら》い」をやるが、六月にやるし、十二月の最後にもやる。両方、年の暮れにやる行事なのである。だが、今、一年末というのは十二月三十一日になったから、六月末の三十日にやるというのは今の感覚からすると、分からなくなっているが、実は、毎年の暮れにやることが、昔からずっと行われていたのである。

旧暦というか、旧暦のカレンダーには、ちゃんと、月と太陽＝両方をおさえた太陽暦になっており、私は一番合理的だと思っている。グレゴリウス暦は明治四年から出たものだが、相当問題があって、ジュリアス・シーザー（ガイウス・ユリウス・カエサル）が七月生まれで七月は三十一日なのに、グレリオが「なんで俺の生まれ月の八月は三十日なのだ」と文句を付けたので、三十一日になった。七月と八月を三十一日にするため、二月から持っていった。で、二月は二十八日になったとか、そういうでたらめをやっている。二カ月位ずれてしまっている。

旧暦は月と太陽＝両方を抑えた太陽暦を合理的に作ったものであるために、十五日というのは必ず「十五夜お月さまは満月の日」だということになる。月の動きを取り込んで、太陽の方も取り込んで、農耕暦というのをちゃんと作っているのが、日本なり、中国や韓国の暦であった。ところが、これは古い物だというので、明治の改革で変えてしまった。しかしながら、本当は、旧暦の方が人々の生活には非常に合っているということである。

さて、話は戻るが、委奴国および東表国の亡命集団は、相当日数を掛けて東遷していった。だが彼らが、『古事記』の記すように「鳴門海峡を回って速吸門《はやすいのもん》を通った」というのは理に合わない。普通に淡路島と明石の間を通る方が易しく、鳴門海峡を通る方が難しいのは明らかである。だから、これは迂回しながら大阪湾に入って、さらに河内の中に攻め込んでいくと、そういう航路をとったということである。

その当時の大阪湾は中に凹《へこ》んだ湖みたいになっており（次頁図参照）、そこに日下《くさか》という所があって、彼らはそこに上陸しようとして撃退される。今から約二千年ぐらい前の話だが、日下の地で敗れて、それで熊野の方に回ることになる。

ところが、江戸時代の本居宣長という国学者は、こんな湖というのは知らないものだから、そういう奥深い所まで船で来て、今度は南に行ってとか何とかというのは合点がいかないと、『古事記』が誤りだということになった。

『古事記』崇拝の人々も首をかしげて、解釈ができなかった。しかし、当時の地図を見ると何の不思議でもない。非常にリアルなものだから、後世の奈良・平安時代の人々がでっち上げた文章では全然ない。そういう旧い記録を使って、「記紀」の文章が書かれているとみることができる。

それで南方を回って、奈良盆地に攻め込んで、橿原に統一政権を作る。これはシメオン族が

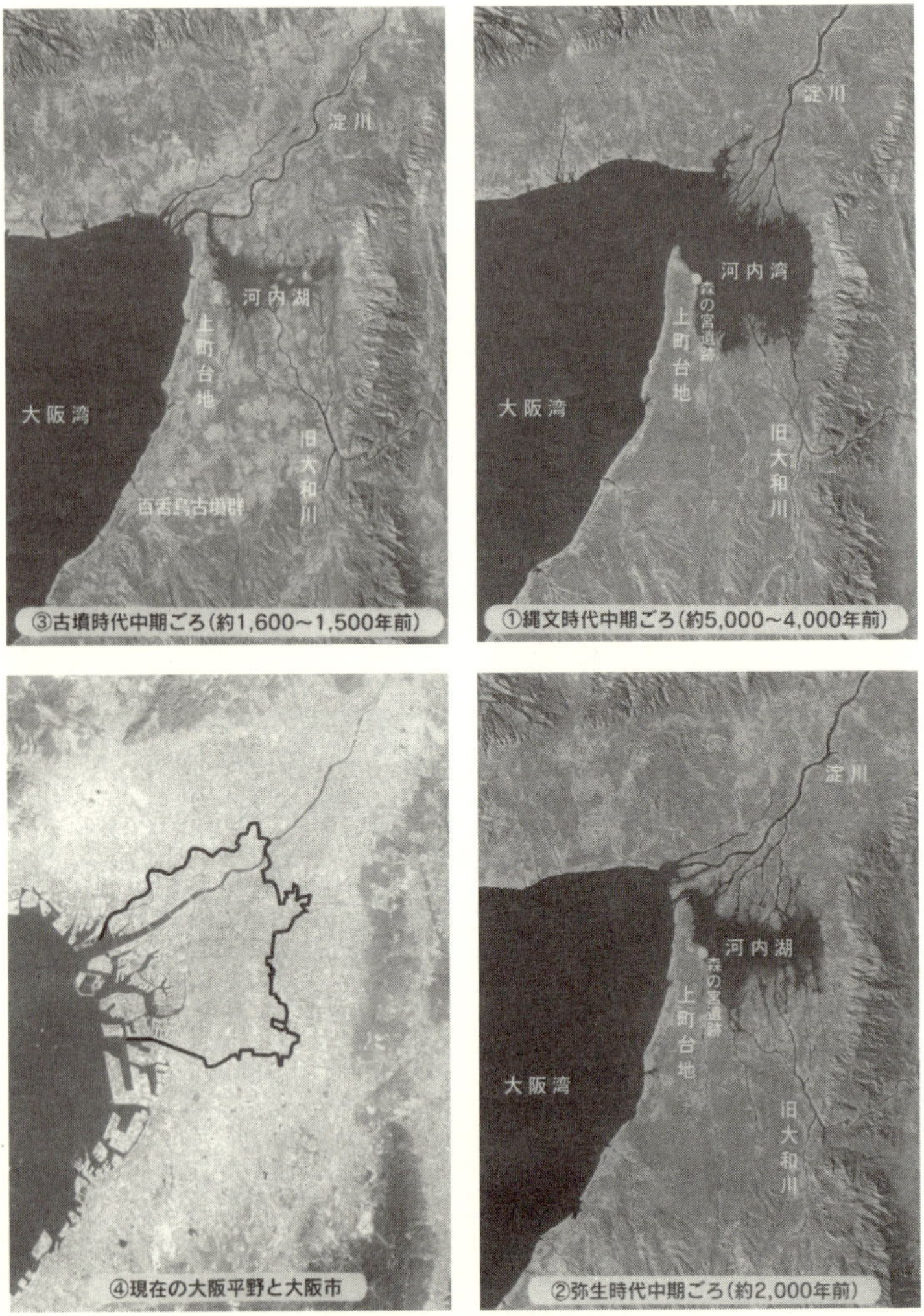

難波と地形の変遷（大阪歴史博物館より）

秦王国を築いた最初の宣言であって、別に、「神武東征」のときの神武天皇の「宣言」ではないのである。それを明治時代に、そこに橿原神宮を造ったりして、「神武建国史」を教えてきたというものであって、いわゆる「長髄彦との戦」ではなかったのである。

このように、ガド族らの東鯷国を潰して、橿原に統治宣言をするが、まだ、撃退した東奈良遺跡の人々といった、銅鐸などを作っていた相当文明度の高い人々がいろいろな所にいて、全体を支配するまでには相当の年月がかかったということであろう。

藤原不比等が出てくるが、これは不比等がシメオン族王家の絶える前の三男の末裔で、その系列が当時、秦王国の分国であった関東（常陸の鹿島神宮）へ行っていたという事情があって、その子孫の彼が十一歳のとき、奈良の本国に送られてきたということであった。

神武が旧伊勢国跡に「伊都国」を建てた

二一四年、神武が旧伊勢国の領土に伊都国（王宮は須玖《すぐ》・岡本／筑紫）を建国した。伊都国王神武は、一族を二分して、王子たちに東扶余（咸鏡道・清津）＋帯方郡伯済国《はくさい》（百済国）および伊都国の支配権をそれぞれ委任し、自らは一大率《いちだいそつ》に就任した。

ちなみに、「記紀」はこれを「神武天皇が辛酉《かのととり》の歳（前六六〇年）大和橿原宮に建国した」と記している。本当の歴史からすれば、実に八百八十年も水増しして日本の「建国史」としたのである。これはおそらく、千年王朝・東表国の歴史にあやかろうとしたものであろう。

くり返して言うが、神武東征は九州以外の地で行われたことはなく、したがって神武は、倭国の大王＝帯方郡の一大率となったというのが史実である。

こうして博多南部（福岡県春日市）に伊都国の王都を建設した神武は、自らは一大率（帯方郡の監察官）に就任して、九州や朝鮮などの倭人系諸国を監察して回った。そしてその統治を権威付けるため、それまでの高天原神話に加えて自分たちの「九州王朝」自生説、すなわち自らの王家が古くから日本にあったとする偽系図を加味した「叙事詩」を作った。

叙事詩『秀真伝』創作の真相

伊都国王神武は、投馬国王・大物主櫛甕玉命《おおものぬしくしみかたまのみこと》（公孫康）に命じて新しい「天孫降臨」物語＝「倭国史」神代編の叙事詩を撰上させた。

すなわち、ウラルトゥ王国の祖王アマテル（天照）大神→ウガヤ五十二代王朝＝扶余伯族の系譜、そして西蔵《チベット》ホータン月氏《げっし》の王・月読命《つきよみのみこと》＝番韓・濊族・多婆羅国王ニギハヤヒノ尊の系譜、さらに韓半島と倭の三島を支配していた東表国エビスノ命《ミコト》（宇佐八幡宮王家）の系譜である。

以上の三族の祖王をまとめて、天孫イザナギノ尊（実はアッカドのイキギノ尊がモデル）の三王子とする叙事詩（系図）をつくり、伊都国＋投馬国、多婆羅国、東表国（狗邪《くや》韓国）の連合部族が「共通の始祖を持つ一族」であるとする系図偽造を行って、東アジアの東夷諸国や人民を篭絡《ろうらく》しようとしたのである。

こうしてこのウガヤ王朝の新しい叙事詩＝神代文字で綴られた「天孫降臨」物語が、レビ族の神官・大田田根子撰上と伝えられる『秀真伝』となって結実し、やがて邪馬壱国＝倭国の「史書」として普及し尊重されるようになっていった。

王朝の興亡

王朝の興亡という点でいえば、須玖岡本《すぐおかもと》（福岡県春日市）という所に伊都国の都があって、神武が委奴国の旧都・比恵《ひえ》に王宮を構えた。そこに卑弥呼も居住していた。神武は朝鮮も支配していたから、東扶余や伯済国に行ったり、それからこの須玖に帰ったりした。それに警察的な役割をもって、倭人のクニ倭国全体を巡回していた。だから一箇所にのほほんとしているのではなく、インターナショナルな感じで動いていた。その割合を見てみると、神武は扶余・須玖・倭国を5：3：2の割合で巡回していた。で、王妃の卑弥呼も、普段は王宮地にとどまっていたが、自分の世襲地の安羅国〈宮崎県〉には時々行っていた。

安羅国王であった事代主命が亡くなった後は、その首都西都原《さいとばる》をも直接支配するようになった。そして神武が亡くなった後には、神武の長男と結婚して、それが死んでしまった後には弟が政治を行っていたというのが、『魏志』倭人伝の中の弟に対してどうのこうのという話に出てくる。そういう点で、一家族が固定しないで動いており、また、子供たちは朝鮮に留学していたりした。狭い所でただいるというのとは違う状況の中で、各自が活動していたというふうに考えるべきかと思われる。

したがって、「記紀」の天皇（倭国王）たちも、倭人の国々＝朝鮮と九州を往来して統治していたと理解すれば、いろいろなナゾが解けてくるのではないかと思われる。

「邪馬壱国」の歴史

西暦二二〇年、中国では、曹操《そうそう》の死によって曹丕《そうひ》が皇帝となり魏朝が建てられたが、やがて後漢《ごかん》の滅亡によって「三国時代」が始まった。

二二一年、遼東に残留した公孫氏では、康の弟・恭（建御名方命《たけみなかたのみこと》／〜二二八年）が燕王として即位した。そして二二八年、公孫恭が死亡し、燕王として康の子・淵（〜二三八年）が即位し、二三四年には、神倭イワレヒコ・伊都国王＝神武天皇が崩御した（享年六十六歳）。

帯方郡の監察官・神武の死後、一大率の地位をめぐって再び「倭の大乱」が起こるが、伊都国（筑紫）、多婆羅国（肥後）、安羅国（薩摩・日向）および狗邪韓国（京都郡《みやこぐん》宇佐）の諸王が図って倭人連合の邪馬壱国《やまい》を建国し、神武王妃の卑弥呼（イッサカル族／公孫度の宗女）を女王に推戴した。そこで卑弥呼（このとき四十六歳）は神武とその先妻アヒラツ姫（実は卑弥呼の妹）との間の王子タギシミミ（季父《きふ》）を伯済国（ソウル）から呼び寄せて夫婿とし、都を安羅国の首都西都原《さいとばる》（宮崎県西都市）に定めて君臨した。

二三六年、高句麗が呉王孫権の使者を殺し、その首を魏に送る。二三八年には、魏の司馬懿《しばい》仲達《ちゅうたつ》が公孫淵を殺し、燕国を滅ぼした。二三九年、卑弥呼が魏に朝貢。魏は卑弥呼を「親魏倭王」とする。二四三年、卑弥呼が再び魏に朝貢して、邪馬壱国・倭国大王の地位を公認させた。二四四年に、魏の幽州刺史・毌丘倹《かんきゅうけん》が高句麗を侵して丸都《がんと》城を攻略し、さらに二四五年、毌丘倹が再び高句麗を侵略し、楽浪・帯方両郡が濊《かい》（沃沮《よくそ》）を侵す。二四六年に魏が濊貊《かいはく》を侵略したため、韓の那奚《なけい》ら数十カ国が魏に朝貢する。二四七年、卑弥呼、沖縄の狗奴国王の長髄彦と戦う（正始八年）。

卑弥呼の「鬼道」とは何か

『魏志』倭人伝は、「女王の名は卑弥呼といい、鬼道《きどう》に仕え、よく人心を惑わしている」と記すが、この鬼道について、漢人たちの「東夷伝」は次のように述べている。

『後漢書』濊伝は、「濊人は毎年十月天を祭り、昼夜酒を飲んで歌舞する。これを舞天といい、虎を神として祭る」と述べる。この「虎神うんぬん」は濊族（フェニキア人）がインドやインドネシアに滞留していた頃の信仰であろう。

そして、『後漢書』韓伝は、「（三韓人は）毎年五月、耕作が終わると鬼神を祭り、昼夜集まって酒盛りし、村人は群れ集まって歌舞する。諸国の都ではそれぞれ一人の人に天神を祭らせ、天君と名付けている。蘇塗《そと》（社《やしろ》）をつくり、大木を立て、鈴や鼓を掛ける。この人々は鬼神に仕えている」と述べる。

さらに、『晋書』馬韓伝には、「馬韓の人は鬼神を信仰し、五月に耕作して種蒔きを終える。その後、群れ集まって歌舞し、神を祭り、これを天君といった。別邑をおき、名付けて蘇塗といった。大木を立て鈴や鼓を掛けた。西域の浮屠《ふと》（月氏《げっし》の浮屠《ふと》教《きょう》寺院）と似ているが、行われることの善悪は異なるところがある」と述べられている。

また『魏志』張魯伝は、「魯、ついに漢中に拠り、鬼道をもって民を教え、自ら師君と号す」と述べる。これは中平元年（一八四年）に起こった「黄巾の乱」のことであろう。

『三国志』は、「蒼天《そうてん》、已《すで》に死す。黄天《こうてん》、当《まさ》に立つべし。歳《とし》は甲子《きのえね》に在り。天下大吉……」の旗印の下、漢王朝末期の腐敗を糺《ただ》すとして、導師（張角?）以下～信徒三十六万人が整然と決起したといわれる道教集団・太平道の「黄巾の乱」のことを記している。なお、これは魯人張氏・ガド族の「道教」＋「儒教」の布教によるものであった。

『魏書』高句麗伝は、「高句麗は宮殿を造るのが好きで、住む所の両側に大きな建物を立てて鬼神を祭り、霊星と社稷《しゃしょく》を祭っている」と述べる。そして『魏書』弁辰伝は、「鬼神を祭る仕方は辰韓と異なっていて、竈を戸の西側につくる」と述べ、弁辰だけでなく辰韓（秦韓）でも鬼神を祭ったことを述べている。また『隋書』新羅伝は、「新羅は毎年元旦に皆祝賀し、王は祝宴を催して群臣に物を分かち与える。その日は日神と月神とを礼拝する」と述べるが、これはすなわち、元々新羅は辰韓（伽耶）の中の斯魯《しろ》人（慶州人）だから、当然、人々は正月に鬼神（日神・月神および始祖神）を祭って、祝賀していたのである。

『三国志』扶余伝は、「陰暦正月、天を祭り、国中大いに会合を開き、連日飲食歌舞する。名付けて迎鼓《げいこ》という」と述べる。この「迎鼓」行事が、卑弥呼の鬼神を祭る「祭天」神事となっていったのであろう。さらに『隋書』百済伝は、「（扶余族は）医薬、筮竹《ぜいちく》、亀甲《きっこう》の占述《うらないじゅつ》を知っている。毎年四仲の月に、王は五帝を祭天する行事に加えて、六部族の始祖王をも祭った」と述べる。

以上の考察によって、鬼道とはすべてこのような東夷諸族の信仰であったことが分かる。そして、鬼道とは複数の神々の信仰で、天神すなわち日月神のほか、王朝の始祖王をも含めて祭っていたということが分かるであろう。

ちなみに、当時の東アジアの国々で、邪馬壱国王の卑弥呼は、最も優れた鬼道のシャーマンとして尊敬されていた女王であった。

卑弥呼の死・壱与の即位と、西都原古墳群

二四八年、邪馬壱国女王卑弥呼が狗奴国との戦い中に崩御した（享年六十一歳）。直ちに、卑弥呼（ヒメタタライスズ）と季父（タギシミミノ尊）の宗女壱与《いよ》（十三歳）が即位した。ちな

みに、イヨには妹が一人いたようである。

卑弥呼の陵墓＝大きな冢《ちょう》（塚《つか》・円墳）はイッサカル族の手によって、西都原古墳群（宮崎県西都市）の中に建てられ、男佐穂塚《おさほづか》古墳として現存している。

この古墳の円墳部分は、本来は三世紀に築造された「直径百二十八メートル、高さ十八メートルの四段式円墳」であったはずだが、明治時代に二十四メートルのクビレ部分と六十七メートルの変な尻尾をくっつけて、全長二百十九メートル、面積一万四千九百平方メートルの古墳に改ざんされている。

実はその後、大正元年から六年間（一九一二年〜一九一七年）かけて大規模な学術調査が実施され、この古墳が卑弥呼のものであることは確認されたはずだ。にもかかわらず、以後それらすべてを宮内庁管理にして、現在は、古墳時代中期（五世紀）に築造された「前方後円墳」（被葬者はニニギノミコト？）であると説明している。

しかも、女王卑弥呼の遺体は、副葬品の「子持家形埴輪《こもちいえがたはにわ》」などとともに男佐穂塚《おとこさほづか》の陪冢《ばいちょう》・一六九号墳に遷されているようだ。そうして架空の「ニニギノミコト陵墓参考地」に指定し、職員には「卑弥呼の古墳ではない」と強弁させている。そのため、何時までも古墳内部はマスメディアに公開されず、一般国民には礼拝することしか許されていない。

二六六年、倭の女王壱与が晋（司馬炎の西晋）に朝貢し（武帝秦始二年）、二七七年〜二九〇年、馬韓・辰韓らが晋に朝貢する。そして、二八〇年、晋が呉を滅ぼし、中国を統一したが、二八五年、鮮卑族王慕容廆《ぼようかい》が東扶余を侵し、そのため、扶余王依慮《いろ》（懿徳《いとく》）自殺する。

ちなみにこのころ、朝鮮半島北東部に存在していた「東扶余」は帯方郡の一大率（初代神武）の分国で、卑弥呼の次男神沼河耳尊《かみぬまかわみみのみこと》（二代目綏靖《すいぜい》）がその倭国の王統を継ぎ、これ以後→三代安寧《あんねい》→四代懿徳《いとく》（皇統譜）と続いていたのである。

従来の歴史書の中には、卑弥呼や壱与の実在を否定するようなものまで現れ、そして、その代わりに「神功皇后伝説」や日本武尊の「熊襲退治」とか「東国征伐」などという、本当は実在しなかった人物の「神話」のようなものまで描かれている。さらに、それらは「マンガ本」にまでなって、少年少女たちを惑わしているようだ。

「秦王国」王家の変遷

三世紀、秦王国（日本ユダヤ王朝）を作った豪族たちのうち、蘇我氏は製鉄を発明したヒッタイト人だが、彼らとフェニキア人（海人族）の混血がウラルトゥ人である。ウラルトゥは前十世紀頃から前五八五年まで、今のトルコ東部のヴァン湖周辺にあった国で、最初の王をアマテルといった。このウラルトゥ人が中央アジアを経由し、満州に入って建てた国が扶余国である。その後、朝鮮半島の国となり、さらに日本に渡来して天皇家になっていく。だから、女神・天照大神の元になっているアマテルは男神である。また、神武の父親はウガヤフキアエズとなっているが、これは王の名前というよりは王朝名で、本当は五十～七十代以上の歴史を持っている。

こうした長い歴史を持っているという点で、われわれの天皇家は、鹿島昇氏が言うように八回ほど血脈は絶えているが、シバの女王の時代から続くといわれるエチオピアの皇帝（一九七五年廃止）と並んで長い王朝の歴史を持っていることになる。

その後、シメオン族を中心とする古代ユダヤ人たちは秦王国をますます発展させていき、次第に日本は九州にある倭国と、奈良にある秦王国という形になっていった。当初、秦王国の王家は秦始皇帝の末裔であるシメオン族がなっていたが、そのうち女子ばかり誕生し、男子が生まれない状況になったため、王家の勢威は衰えていった。

王家の交代で「秦王国」が興隆した

古墳時代晩期の六世紀、秦王国十四代目のシメオン族の王が六十六歳で病死したとき、この王には三人の女子しかいなかったため、少し前の五世紀（「倭の五王」時代）、高句麗から大船団で出発し、朝鮮→玄界灘→瀬戸内海経由で奈良へ渡来したレビ族およびダン族（ユダ族の支派）のグループ六万四千人の王族・東漢氏《やまとのあやし》がその実力を買われて秦王国の王位を継承した。

レビ族系の東漢氏（秦氏《はたし》）が王となった秦王国は、織物業の普及や大型「前方後円墳」の築造などの巨大土木工事によって大いに発展し、東日流の荒吐五王国（東北王朝）とも友好関係を結び、ヘレニズム文化の移植＝律令《りつりょう》制および国造《くにのみやつこ》制を施行する国家として急成長した。

こうして東アジア諸国から秦王国は「俀国《たい》」と呼ばれるようになった。それは九州の「倭国」に対して〃より大きな国〃という意味である。五三八年、仏教も公伝されて、秦王国の王は天子と呼ばれるようになっていく。

この頃（六世紀／アメタリシホコの父の時代）秦王国の分国が、中国地方に「文身国《いれずみ》」（後の播磨国・吉備王国）、関東地方に「扶桑国《ふそう》」（蚕《かいこ》の餌《えさ》のクニ）として建てられた（分国の「王宮」は鹿島神宮）。この扶桑国の王（前秦王の三男が就任）の末裔が、壬申の乱の後、藤原不比等の系譜につながっていくのである。

「俀国」の天子・阿毎多利思北弧

この東漢氏《やまとのあやし》の二代目に当たるのが阿毎多利思北弧《あめたりしほこ》である。これは「隋書」の「俀国伝」というところで出てくるが、アメタリシホコが天子を名乗って山口県そして九州にまで発展・進出する。そして九州の倭国と戦って、筑紫等の北九州を制圧する程の力を発揮する。当時、隋ではこの九州に進出してきた秦王国を俀国と呼んでいたようだ。「秦」は「たい」とも読めるから、それで「倭」に似た「俀」を使用したのかもしれない。俀国は九州をおさえた時に、六〇七年、隋の煬帝《ようだい》に「日出る処の天子、書を日没する処の天子に致す。恙《つつが》なきや（日出處天子致書日没處天子恙云々）」という国書を渡した。これは聖徳太子が送ったという説があるが、天子対天子という場合、代用書ということはありえない。

例えば、戦前、病弱な大正天皇を皇太子であった若き昭和天皇が摂政役として補佐した時でも、あくまで文章を書くときは大正天皇として書くわけで、それを差し置いて自分（摂政役）が表に立つということはしなかった。

また、この国書は宗主国の隋から見たら、朝貢国の王であるはずの阿毎多利思北弧が天子を名乗っている、などというのは、とんでもないことであった。委奴国の王である大国主命（世襲名）にしろ、邪馬壱国の女王卑弥呼にしろ、皆中国の漢や魏に対して臣下の礼をとっているということは、いってみれば手下として貢物を捧げるということで、それが当時の慣わしだったのである。それなのに、一人しかいないはずの天子が東西に二人の天子がいるという、まるで対等の立場をとる手紙を出したというのは、相当自信があったからのことと思われる。しかし、煬帝はこの文章を見るやいなや、「もう取り次ぐな」という不快の念を表したという記録が残っている。

「隋」以前には三国志の時代、遼東太守だったイッサカル族の公孫氏が燕王として天子を名乗っているが、公孫淵のとき、魏によって滅ぼされてしまった。だから、この時代は三国志というより四国志といった方がよいのかもしれない。

「俀国年号」は実在した

ところで、天子を名乗るということは、同時に独自の年号を持たなくてはならないのが常識であったが、実際に持っていたようである。これは九州年号と呼ばれているが、正確には秦年《しん》号で、いわゆる「倭年号《たい》」を百七十九年間にわたって使用していた。もちろん、律令制度もあったと思われる。実際、九州だけでなく、播磨・関東、そして法隆寺の釈迦三尊像の光背銘など、日本各地からいろいろな年号が出ている。

例えば、決定的なものに「続日本紀」の七二四年（神亀元年）、いろいろな嘆願に対する聖武天皇の詔（報）の中に『白鳳《はくほう》より以来、朱雀《すざく》以前、年代玄遠にして、尋問明《あくる》め難し』とあることでも確かだ。天皇はそんな古い年代のことなど分かりようがないから、現在から分析して対処しようと述べているのだが、この「白鳳」「朱雀」というのは正史にはない年号である。また、面白いものとして五五八年の「兄弟」という年号もある。この年号の名前は倭国をはじめ日本の昔の風習として、兄弟や親子といったコンビで政務を行うことを反映している。すなわち、「隋書」にあるが、王の兄は国を治めていて朝《あした》（午前）にいろいろな儀式を執り行い、昼（午後）からは弟に任せるということである。「魏志」で描かれているが、卑弥呼には国を統治する補佐役の弟がいたということである。他にも、明要《めようよう》元年（五四一年）の年号が百済と縁の深い丹生山明要寺《たんじょうさんみょうようじ》（兵庫県神戸市）という明治の廃仏毀釈にあった寺の縁起書に書かれている。

こういうのはデッチアゲだと言って切り捨てる学者がいるが、デッチアゲなら神武の時代からやればよいのに、デッチアゲによる切り捨てが中途半端になっている。

このように、今の天皇家以前に独自の年号が存在したというのが正解である（次の『襲国偽《そこくぎ》僭考《せんこう》』「年号表」参照)。

西暦	干支	天皇代	年号
五二二	壬寅	継体一六	善記
五二六	丙午	〃二〇	正和
五三一	辛亥	〃二五	殷到
五三六	丙辰	宣化一	僧聴
五四一	辛酉	欽明二	明要
五五二	壬申	〃一三	喜楽
五五四	甲戌	〃一五	法清
五五八	戊寅	〃一九	兄弟
五五九	己卯	〃二〇	蔵和
五六四	甲申	〃二五	師安
五六五	乙酉	〃二六	知僧
五七〇	庚寅	〃三一	金光
五七六	丙申	敏達五	賢棲
五八一	辛丑	〃一〇	鏡常
五八五	乙巳	〃一四	勝照
五八九	己酉	崇峻二	端政
五九四	甲寅	推古二	吉貴

西暦	干支	天皇代	年号
六〇一	辛酉	推古九	願転
六〇五	乙丑	〃一三	光元
六一一	辛未	〃一九	定居
六一八	戊寅	〃二六	倭京
六二三	癸未	〃三一	仁王
六二九	己丑	舒明一	聖聴
六三五	乙未	〃七	僧要
六四〇	庚子	〃一二	命長
六四七	丁未	孝徳三	常色
△六五二	壬子	〃八	白雉
六六一	辛酉	斉明七	白鳳
六八四	甲申	天武一二	朱雀
△六八六	丙戌	〃一四	朱鳥
六九五	乙未	持統九	大和
六九八	戊戌	文武二	大長
△七〇一	辛丑	〃五	大宝

〈以下略〉

『襲国偽僭考《そこくぎせんこう》』「年号表」

※△印は『日本書紀』出現のもの。ただし「大化」は出現しない。
(年号名は『襲国偽僭考』を主とす)

全国統一を果たした「俀国」

六世紀後半、秦王国改め「俀《たい》国王」となった阿毎多利思北弧《あめたりしほこ》（レビ族々長）は倭国（九州）を討伐・征服して全国統一を図ることを決意した。そのため、まず前進基地としての都を分国の周芳《すは》（のちの周防《すおう》・山口県）に置いた。周芳国・楊井《やない》水道の中の奈良島（今の熊毛郡田布施町麻郷《おごう》奈良）に都を定め、水陸合わせ一万の軍勢を動員して倭国に攻め入り、容易《たやす》く勝利した。こうして、筑紫だけでなく肥前・肥後まで占領して九州全体を俀国の支配下に置いたのである。

かくして俀国王アメタリシホコは、念願の「日本統一」を果たした。

その時の「俀国」諸王の配置図は以下のとおりである。

①竹斯国《ちくしこく》の王には阿毎多利思北弧の長男が就任
②出雲国の王には阿毎多利思北弧の次男が就任
③豊ノ国（旧東表国）の王には阿毎多利思北弧の第一番目の弟が就任
④播磨国王には第一番目の弟の長男が就任
⑤秦王国（大和奈良）の王には第二番目の弟の長男が就任
⑥周芳国（周防）は阿毎多利思北弧の直轄地となり、天子（皇帝の意）となった阿毎多利思北弧は全体を統率

倭国は、これら王国連合の総称といってよいであろう。

倭国の都となった「周芳」の楊井水道

新都となった周芳国の楊井《やない》水道は、九州討伐の水軍基地としては最適の場所であった。現在は、江戸時代の初期（万治・寛文年間）に埋め立てられたため、陸化して変貌しているが、それまでは旧大嶋（今の室津半島）と本土との間に狭い海峡があって、大畠の瀬戸から旧大嶋水道を経て周防灘へ抜ける瀬戸内海航路の幹線水路であった。

楊井水道の中央に旧大嶋があり、その大嶋瀬戸の中に奈良島があった。また、大嶋北部の赤子山に「長門島」がくっついていたのである（次頁「古代周芳国の図」参照）。

楊井水道には四十もの小島が点在して、さながら松島湾（宮城県）のような美景であり、かつ水軍基地に適した地形であったから、〃麻里府〃と呼ばれた鎮守府（麻郷および浮島《うかしま》）から眺める風景を詠んだ歌が「万葉集」には数多く収録されている。

後世の「源平合戦」の折、平宗盛《たいらのむねもり》水軍が主戦場を楊井水道に定め、その最後の決戦場を奈良島沖の「壇ノ浦」に選んだのは、倭国（秦王国）の旧都があった歴史を熟知していたクシャトリア（王侯貴族の血統族・平家）にとって最後を飾るにふさわしい地と考えたからであろう。

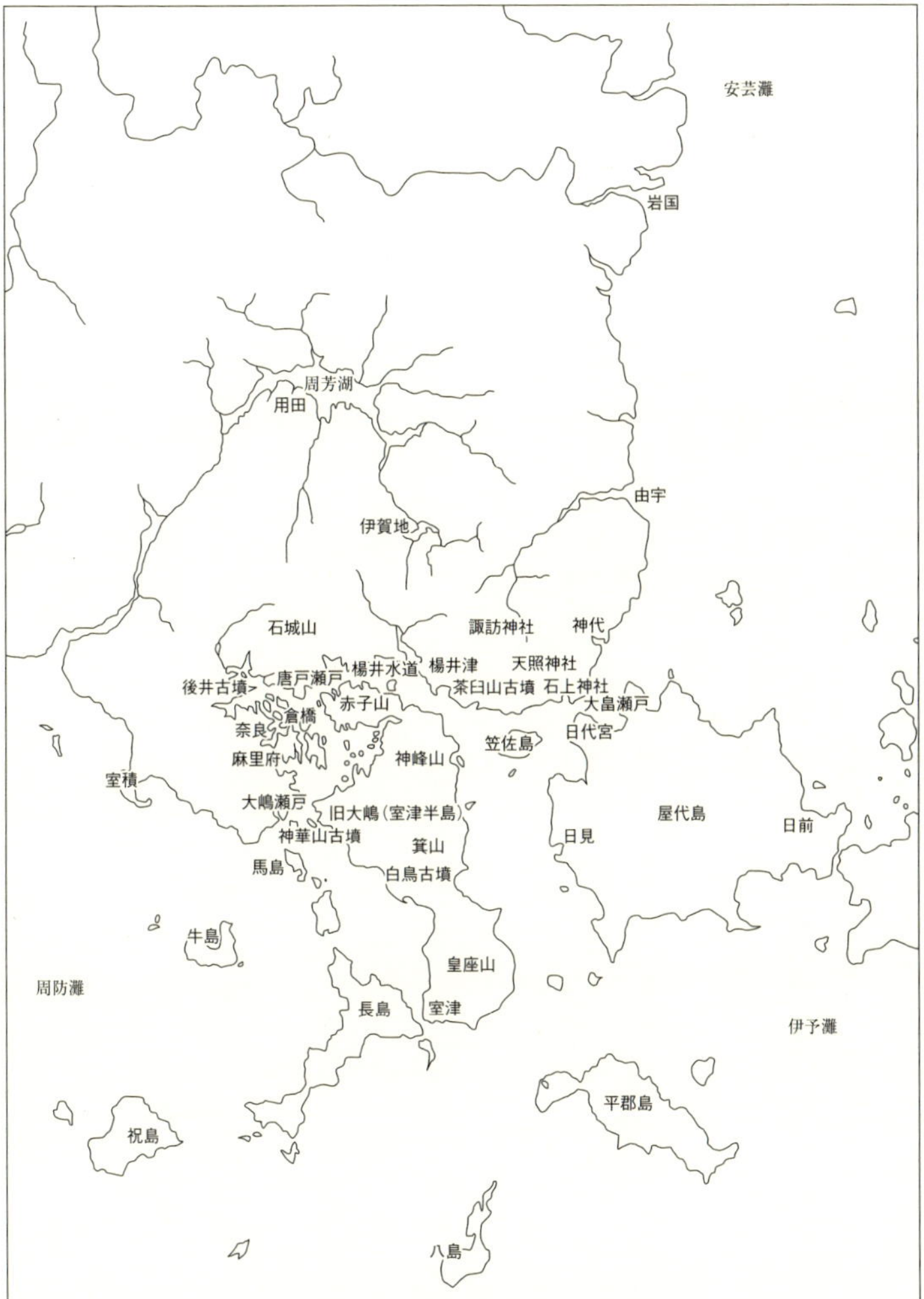

古代周芳国の図（古周防・旧長門）

「周芳」と「周防」の国名について

俀国の「国造本紀《くにのみやつこ》」によれば「周防国は旧くは『周芳』と書いた。これを『すは』と読むか、『すはう』と読むか、定説はない。周芳国造のほかに大嶋《おおしま》国造、波久岐《はくき》国造、都怒《つぬ》国造が置かれていた」という。

（秦王国時代の配置）は、周芳国造が旧熊毛郡（今の岩国市・光市・柳井市・熊毛郡など）の長官、大嶋国造は旧大嶋郡（室津半島）と今の大島町（郡）を含む楊井水道一帯の長官である。そして都怒国造は旧都濃《つの》郡（今の周南市・下松市）の長官で、波久岐国造が旧吉敷《よしき》郡（今の山口市・防府市）の長官であった。

その後、六八一年（天武九年）九月、新羅・橿原宮占領軍政の浄御原令《きよみがはらりょう》の施行で、国造《くにのみやつこ》支配のクニが全面的に廃止されて、新たに国司《くにのつかさ》・郡司《こおりのつかさ》制が成立した。

このとき「周防」の国名は、古くから中央（奈良盆地）にその名を知られていた周芳国造のクニの名をもって「周芳国」の汎称《はんしょう》としたものであろう。

この浄御原令の施行について『日本書紀』は次のように記している。

「天武十二年（六八四年）十二月、諸王五位伊勢君王《おほきみいつつのくらいいせのみこ》・大錦下羽田公八国《だいきんげはたのきみやくに》・小錦下多臣品治《しょうきんげおおのおみほむち》・同中臣連大嶋《なかおみのむらじおおしま》ならびに判官《まつりごとびと》・録史《ふみびと》・工匠《たくみ》などを遣わして天下を巡行し諸国の境界を限分《さか》う。然れども是年《このとし》限分《さかう》に堪《た》えず。翌十三年（六八五年）十月、伊勢王《いせのきみ》などを遣わして諸国の界《さかい》を定めしむ。さらに翌十四年（六八六年）十月、伊勢王らまた東国に向かう。功により衣袴《ころもはかま》を賜う」とあって、このとき、五畿七道の境界を定め、諸国の国名を（新羅側が）確認したことを記している。そうすると、天武十三年までは、国造制が続いていたということで、今の周防（山口県の東部）は周芳国（または楊井水道＝長門《ながと》水道）であり、今の長門《ながと》（山口県西部）は穴門《あなど》国（または穴戸《あなど》国）であった、ということになる。

「長門城」は、周防の「石城山城」であった

されば、『紀』が記す「天智四年（六六五年）八月、城《き》を長門に築き始め、天智九年（六七〇年）二月に完成した」とされる幻《まぼろし》の長門城《ながとのき》は現在の長門部（山口県西部）にはなく、百済の亡命武士団によって築かれた唐・新羅占領軍のための「逃げ城」＝楊井水道の石城山《いわきさん》城であったことが立証・確認されたのである（鹿島曻著『倭と日本建国史』の巻末「天皇族は朝鮮に逃げようとした」参照）。

アメタリシホコの戦死と倭国の「額田王」

六〇八年（大業四年・推古十六年）、煬帝は隋使の文林郎・裴清《はいせい》を俀国《たい》に派遣した。このとき国書は持たせず、友好的な交歓が行われたとしている。だがこの時、煬帝側は俀国に攻め込むことを策しており、裴清の来日は俀国の情勢把握・偵察が目的であったという。すなわち、当時すでに、煬帝の隋軍は流求（琉球・沖縄）に侵攻し、男女数千人を捕虜にしている。また六一二年、煬帝自ら三十余万の大軍を率いて高句麗侵略を決行し、続く六一三年、六一四年と連年三回も大遠征を行ったが、いずれも完全には成功せず、いたずらに兵や軍属を失い、隋の国力を消耗する結果となった。

しかし、これは流求国、高句麗国と友好関係にあった俀国にとって座視できない事態であった。そのため、ついに俀国は隋との国交を断絶した。

六一〇年、隋と俀国が断交した時期を見計らって、倭国側が巻き返しを図り、俀国側との決戦に打って出た。倭国側五千人と俀国側七千人とが北九州で激突し、いきなり戦闘が繰り広げられた。その乱戦の最中に、なんと、阿毎多利思北弧が雑兵に斬られ戦死したのである。そのため、俀国側は九州から全面的に撤退した。

この時の倭国の女王が額田王《ぬかだのおおきみ》であった。ただし、「国史」や「万葉集」のいう、七世紀中期以降の宮廷秘話、中大兄皇子《なかのおおえのおうじ》、大海人皇子《おおあまのおうじ》との「説話」に出てくる額田王とは、時代も異なるし、全く関係ない女王である。

また、俀国の天子・阿毎多利思北弧《あめたりしほこ》は、『隋書』俀国伝および『北史』倭伝に書かれている「阿輩雞弥《おほきみ》と号した」とある阿毎多利思比弧《あまたりしひこ》ではないようだ。鹿島曻氏が述べているように、このアマタリシヒコは邪馬壱国王大伴望多《おおともぼうた》だったのであろう。

当時の中国側では「外交文書」などで、東夷など周辺の人々を「卑字」を用いて表現することが多い。にもかかわらず「俀国伝」には「佳字」というべき字を使っている。すなわち、隋の役人が俀国・国書の自署名をそのまま載せたと考えられるのである。だとすれば、アカデミー流に（石原道博著『訳註中国正史伝』国書刊行会版参照）、アマタリシヒコと読むのではなくて、俀国の天子・アメタリシホコと読むのが正解と思われる。

上宮聖徳法王の史実と聖徳太子伝説

俀国の天子アメタリシホコの長男（上宮聖徳法王の父）は、太子のとき、「利歌弥多弗利《りかみたふり》」（俀国伝）といわれていた。彼は阿毎多利思北弧が天子のとき、筑紫国の王となっていたが、倭国との戦で父が戦死した際、九州から撤退して奈良の地に戻った。

やがて、俀国の都も周芳から大和（奈良）へ遷《うつ》され、国名も「秦王国」に戻された。

俀国の天子・阿毎多利思北弧の遺体は、いったん楊井水道の宮殿へ運んで殯《かりもがり》したのち、人《にん》夫《ぷ》二万人で運んだとされる「宝物類」とともに、大和の奈良へ遷され、鳥ノ山古墳（磯城《しき》郡《ぐん》川西町）に葬られた。

秦王国の王統は「利歌弥多弗利《りかみたふり》」が継ぎ、律令制を施行する天子（秦王）となっていた。その秦王の長子が、仏教の信奉者となって最初の法隆寺（鳥ノ山陵の西側にあったプロト法隆寺）を建てた上宮《かみつみや》聖徳《しょうとく》法王である。

上宮聖徳は秦王＝東漢氏・族長の長男として生まれ、幼い頃から「大子《だいし》」と呼ばれていたが、それは〝おほご〟という大きな子＝長男を表す呼び名であったという。やがて秦王国の法王となり、豊耳聡聖徳《ゆたかなみみのさときしょうとく》とも呼ばれた。母は鬼前太后《おにさきのふとしきさき》（穴穂部間人皇女《あなほべのはしひとのひめみこ》ではない）、妻は干食《かんしょくの》王妃《ひめみこ》（勝大刀自《かつおおとじ》や菟道貝蛸皇女《うじのかいたこのひめみこ》ではない）であった。

巷間に流布されている、聖徳法王のいわゆる「帝《みかど》説」は、東漢《やまとのあや》氏の上宮聖徳《かみつみやしょうとく》法王を天皇家に結びつける説話として登場した、すなわち『紀』に代わる偽書の話であるから、これに全面的に依拠している「学説」は正しくない。

ちなみに、伊予温泉（愛媛県道後温泉）碑に刻まれている人物は上宮聖徳法王《かみつみやしょうとくほうおう》である。いわゆる「聖徳太子」のことではなく、倭国の阿毎多利思比孤《あまたりしひこ》のことでもない。

一般には、奈良大和の観光地の目玉となっている「石舞台古墳」や「島ノ庄遺跡」は、蘇我馬子の墓とか屋敷跡とかいわれている。が、実は阿毎多利思北弧《あめたりしほこ》の父（東漢氏《やまとのあやし》の族長）の陵墓および豪邸（王宮）跡である。

従来の皇国史観で、飛鳥時代の石造物や文化財などを倭国（大和朝廷）の史跡に指定し、観光客に公開しているが、これらはいわゆる倭国（大和朝廷）のものではなく、すべて俀国《たい》（秦王国・古代日本ユダヤ王朝）の文化遺跡である。

上宮聖徳法王は、王妃ホキキミノイラツメとの間に三人の子をもうけていたが、弟の乳母の家系（シメオン族系秦氏）のバックアップを受けた弟の勢力との王権争いに敗れて、六二三年（仁王元年）十一月二十二日、王妃とともに刀で自害して果てた。これはまさに、奈良盆地を揺るがす「大スキャンダル」となったのである。

上宮聖徳法王の遺体は、王妃の遺体とともにレビ族の手によって藤ノ木古墳（斑鳩町）に葬られた。一九八七年（昭和六十二年）に藤ノ木古墳の石棺が開けられ、二つの遺体が確認されている。私の検証によれば、北側の玉纒太刀《たままきのたち》など豪華な副葬品を携えた遺体が上宮聖徳であり、南側の遺体が王妃のホキキミノイラツメである。

秦氏が上宮聖徳法王慰霊のために広隆寺を建てた

さて、鹿島曻氏がすでに指摘しているように、「記紀」の聖徳太子のモデルは百済王第二十七代威徳王昌《いとくおうしょう》で、日本に実在した人物ではない。朝鮮半島で起こった出来事を、あたかも日本列島で起こったように書き替えて「日本史」を作ったのだが、だからといって、日本列島に人がいなかったわけではなく、いろいろな出来事があった。

六〇〇年（開王二〇年・推古八年）、倭国を併合して俀《たい》国の天子となった阿毎多利思北弧（弧は天子の意）は隋の初代皇帝高祖へ使節を出した（第一回目）。

六〇七年（大業三年・推古十五年）、隋の二代皇帝煬帝《ようだい》に使節を送り（第二回目）、かの有名な「日出る処の天子……」の一文が入った国書を渡した。

そのため、煬帝は立腹して琉球（沖縄）へ侵攻し、さらに日本列島への遠征を計画するようになったが、やがて倭国《わこく》（九州）女王額田王《ぬかだのおおきみ》と俀国《たいこく》との間に戦闘が起こり、アメタリシホコが戦死して、俀国の勢力は奈良へと後退した。

七世紀中期、隋の煬帝に国書を送った天子・阿毎多利思北弧《あめたりしほこ》の孫・上宮聖徳《かみつみやしょうとく》が法王として在位していた。その頃、秦王国を機織業などで独占的に支配していたシメオン族系の秦氏《はたし》の後援で、王の弟が王権を奪取して天子の地位に就いた。そのため、法王夫妻が自害するという、奈良盆地のユダヤ村を揺るがす「大事件」が起った。これはおそらく、秦氏（実力者の秦河勝《はたのかわかつ》ら）の勢力にとって大ショックだったと思われるが、その慰霊のため、秦氏の勢力圏・京都の太秦《うずまさ》に広隆寺が建てられた。

秦氏の氏寺《うじでら》広隆寺では、今でも毎年、上宮法王が亡くなった十一月二十二日に、聖徳太子の命日と称して「聖徳太子御火焚《ひたき》祭」という法要を営んでいる。ところが、おかしなことに奈良の法隆寺では聖徳太子の御忌《いみ》法要である、お会式《えしき》を毎年二月二十二日（明治四十四年より三月二十二日）に行っている。これは一つのナゾ（僧侶の作為）であるが、おそらく上宮法王に対していろいろなことをやって負い目を持った秦氏が、政敵にした者の霊を慰めるということで、その命日を正確に記録し、その法要を営んできたものと思われる。

こうして秦王国が王権を巡る内紛でがたがた揺らぐ中で、白村江の戦において百済・倭国連合は負けてしまい、秦王国もそのあおりをくらったのである。

その過程で、秦王国の最終的な終焉に伴い、もう一つの「壬申の乱」が起こった。

広隆寺南大門

広隆寺講堂

上宮王院太子殿

弥勒菩薩半跏思惟像

秦王国における「壬申の乱」

「記紀」では、天智天皇の子供で弘文《こうぶん》天皇（大友皇子《おおとものおうじ》）というのが描かれているが、実はこの天皇は上宮法皇と対立関係にあった弟の子供で、秦王国最後の天子であった。いわゆる天智天皇と天武天皇は兄弟ではないし、歴史小説に書かれているような額田王《ぬかだのおおきみ》をめぐる歌合戦や争いがあったという事実は全くない。

その壬申の乱といわれている戦は、唐・新羅占領軍が秦王国を壊していく過程で、次から次へと、秦氏をはじめとする秦王国のブレーンたちが、占領軍側に呆気《あっけ》なく寝返っていくクーデターを描いたものであった。その他の地域では戦が相当長く続くのに、秦王国のある奈良では急転直下勝負がついてしまった理由は、秦王国が買収とかで寝返ってしまったためで、その結果、新羅政権が出来ていったのである。

ちなみに、最後まで抵抗をやめなかった蘇我氏（ヒッタイト系）の人たちは、秦王国の分国である千葉県や神奈川県（今の東京湾周辺）へ逃げていった。

〝天皇陵〟はすべて、ユダヤ系部族の陵墓である

奈良にある天皇陵といわれる陵《みささぎ》はすべてが天皇家のものではない。六六三年（天智二年）の

白村江の戦以前のものは、秦王国の古代ユダヤ系部族の墓である（『歴代天皇陵の分析解明表』参照）。

ということは、天皇家の墓が出来たのは、奈良王朝である新羅政権が入った六六三年以降ということになる。当時、マッカーサー元帥と同じように、古代ユダヤ系レビ族の唐の将軍郭《かく》務悰《むそう》（藤原鎌足のモデル）が、歴史のいたずらか、GHQ占領軍の人数と同数の二千人を引き連れて日本にやって来た。日本は占領され、日本人はおとなしくその支配を受け入れた後、初めて新羅系統の文武《もんむ》天皇の陵《みささぎ》が出来た。

この時こそ、日本における歴史の大転換期であった。

この奈良時代と、それ以前の倭国史および俀《たい》国・秦王国史を解明し、さらに、もう一つの転換期である奈良時代と平安時代の「大激動時代」の歴史を解き明かすことが重要になってくる。

歴代天皇陵の分析解明表

従来“天皇陵”といわれている古墳群（すべて）はユダヤ系部族の陵墓であった。
〈宮内庁所陵部『陵墓要覧』（平成5年）〉にもとづく天皇陵を考察する。

代	天皇	陵墓名	形式	古墳名	部族
1	神武《じんむ》	畝傍山東北陵《うねびやましとらのすみのみささぎ》	円丘	ミサンザイ古墳	ガド多治比氏
2	綏靖《すいぜい》	桃花鳥田丘上陵《つきだのおかのうえのみささぎ》	円丘	塚山古墳	レビ大和氏
3	安寧《あんねい》	畝傍山西南御陰井上陵《うねびやまのひつじさるのみほどのいのえのみささぎ》	山形		ガド三島氏
4	懿徳《いとく》	畝傍山南繊沙渓上陵《うねびやまのみなみのまなごのたにのうえのみささぎ》	山形		ガド
5	孝昭《こうしょう》	掖上博多山上陵《わきのかみのはかたのやまのうえのみささぎ》	山形		ゼブルン葛城氏
6	孝安《こうあん》	玉手丘陵陵《たまてのおかのえのみささぎ》	円丘		ダン平群氏
7	孝霊《こうれい》	片丘馬坂陵《かたのおかのうまさかのみささぎ》	山形		レビ忌部氏
8	孝元《こうげん》	剣池嶋上陵《つるぎのいけのしまのえのみささぎ》	前方後円	中山塚1〜3号墳（丘陵上の郡集墳）	レビ物部氏
9	開化《かいか》	春日卒川坂上陵《かすがのいさかわのさかのえのみささぎ》	前方後円・堀	念仏寺山古墳	レビ大三輪氏
10	崇神《すじん》	山辺道勾岡上陵《やまのべのみちのまがりのおかのうえのみささぎ》	前方後円・堀	柳本行灯山《やなぎもとあんどんやま》古墳	レビ日奉《ひまつり》氏
11	垂仁《すいにん》	菅原伏見東陵《すがわらのふしみのひがしのみささぎ》	前方後円・堀	尼辻宝来山《あまがつじほうらいさん》古墳	シメオン和邇氏
12	景行《けいこう》	山辺道上陵《やまのべのみちのうえのみささぎ》	前方後円・堀	渋谷向山《しぶたにむかいやま》古墳	シメオン土《は》師《じ》氏
13	成務《せいむ》	狭城盾列池後陵《さきのたたなみのいけじりのみささぎ》	前方後円・堀	佐紀石塚山古墳	イッサカル凡河内氏
14	仲哀《ちゅうあい》	恵我長野西陵《えがのなかののにしのみささぎ》	前方後円・堀	岡ミサンザイ古墳	シメオン土師氏
15	応神《おうじん》	恵我藻伏崗陵《えがのもふしのおかのみささぎ》	前方後円・堀	誉田御廟《ごんだごびょう》山古墳・誉田《ごんだ》山古墳	レビ大伴氏

16	仁徳《じんとく》	百舌鳥耳原中陵《もずのみみはらのなかのみささぎ》	前方後円・三重堀	大仙陵古墳・大山《だいせん》古墳	レビ物部氏
17	履中《りちゅう》	百舌鳥耳原南陵《もずのみみはらみなみのみささぎ》	前方後円・堀	ミサンザイ・石津丘古墳・百舌鳥陵山古墳	レビ大伴氏
18	反正《はんぜい》	百舌鳥耳原北陵《もずのみみはらきたのみささぎ》	前方後円・堀	田出井山古墳・楯井古墳	レビ忌部氏
19	允恭《いんぎょう》	恵我長野北陵《えがのながのきたのみささぎ》	前方後円・堀	国府市野山古墳	シメオン秦氏
20	安康《あんこう》	菅原伏見西陵《すがわらのふしみのにしのみささぎ》	方丘・堀・中世城郭跡	宝来城跡	レビ日奉氏
21	雄略《ゆうりゃく》	丹比高鷲原陵《たじひのたかわしのはらのみささぎ》	円丘・堀	高鷲丸山古墳＋平塚古墳	イッサカル三輪氏
22	清寧《せいねい》	河内坂門原陵《かわちのさかどのはらのみささぎ》	前方後円・堀	西浦白髪山古墳	ガド巨勢氏
23	顕宗《けんぞう》	傍丘磐杯丘南陵《かたおかのいわつきのおかのみなみのみささぎ》	前方後円（丘陵上の円墳か）		シメオン土師氏
24	仁賢《にんけん》	埴生坂本陵《はにゅうのさかもとのみささぎ》	前方後円・堀	野中ボケ山古墳	イッサカル三輪氏
25	武烈《ぶれつ》	傍丘磐杯丘北陵《かたおかのいわつきのおかのきたのみささぎ》	山形・前面堀		新羅
26	継体《けいたい》	三島藍野陵《みしまのあいののみささぎ》	前方後円・堀	太田茶臼山古墳	ガド三島氏
27	安閑《あんかん》	古市高屋丘陵《ふまちのたかやのおかのみささぎ》	前方後円・堀	高屋《たかや》築山古墳	ガド津守氏
28	宣化《せんか》	身狭桃花鳥坂上陵《むさのつきさかのうえのみささぎ》	前方後円・堀	鳥屋ミサンザイ古墳	ガド三島氏
29	欽明《きんめい》	檜隈坂合陵《ひのくまのさかあいのみささぎ》	前方後円・堀	平田梅山古墳	ガド津守氏

30	敏達《びだつ》	河内磯長中尾陵《こうちのしながのなかのおのみささぎ》	前方後円・堀	太子西山古墳	ガド多治比氏
31	用明《ようめい》	河内磯長原陵《こうちのしながのはらのみささぎ》	方丘・空堀	春日向山古墳	ガド巨勢氏
32	崇峻《すしゅん》	倉梯岡陵《くらはしのおかのみささぎ》	円丘		ガド三島氏
33	推古《すいこ》	磯長山田陵《しながのやまだのみささぎ》	方丘	山田高塚古墳	マナセ西文氏
34	舒明《じょめい》	押坂内陵《おさかのうちのみささぎ》	上円下方(八角)	忍坂段塚古墳	シメオン秦氏
35	皇極《こうぎょく》	＊斉明に同じ			
36	孝徳《こうとく》	大阪磯長陵《おおさかのしながのみささぎ》	円丘	山田上ノ山古墳	イッサカル
37	斉明《さいめい》	越智崗上陵《おちのおかのえのみささぎ》	円丘	車木ケンノウ古墳	ゼブルン葛城氏
38	天智《てんじ》	山科陵《やましなのみささぎ》	上円下方(八角)	山科御廟野古墳	イッサカル秦氏
39	弘文《こうぶん》	長等山前陵《ながらのやまさきのみささぎ》	円丘、空堀	園城寺亀丘古墳亀丘古墳、平松亀山古墳	レビ東漢氏
40	天武《てんむ》	檜隈大内陵《ひのくまのおおうちのみささぎ》	上円下方(八角)	野口王墓古墳	レビ東漢氏
41	持統《じとう》	檜隈大内陵《ひのくまのおおうちのみささぎ》	円丘(八角)	野口王墓古墳(天武と合葬)	レビ東漢氏、(レビ上宮法皇の父)
42	文武《もんむ》	檜隈安古岡上陵《ひのくまのあこのおかのえのみささぎ》	山形	栗原塚穴古墳	イッサカル凡河内氏
43	元明《げんめい》	奈保山東陵《なほやまのひがしのみささぎ》	山形		ゼブルン
44	元正《げんしょう》	奈保山西陵《なほやまのにしのみささぎ》	山形		ゼブルン

秦王国が滅び、藤原氏が誕生した経緯

こうして秦王国は滅んでいくのだが、実は、関東にあったその分国から出てきたのが藤原不比等であった。不比等は幼少時に父親を亡くし、当時、鹿島神宮宮司を務めていたエブス人である中臣氏《なかおみし》に養育されて、その後押しで奈良の都会に進出していく。だから、不比等はユダヤ系のシメオン族で中臣氏と血のつながりはない。しかし、秦王国が東進して来た時に一緒に協力していた東表国王族の中臣氏に面倒を見てもらっていたので、義父の名をとって「中臣鎌足」という名前が編み出された、という次第である。

不比等は秦王国の末裔という血統を活かし、奈良大和に新しい流れを作り出すことを画策した。彼は奈良に入ってから、ガド族の津守氏系の愛人である宮子との間にもうけた子供たちを使って、新しい勢力関係を作っていった。この不比等を中心とした藤原氏が果たした役割と、日本に逃げてきていた百済の亡命貴族である百済王氏《くだらのこにきし》復活の流れの中で、道鏡が出て、道鏡の子供である桓武天皇が平安の都をつくっていくという、新羅から百済の政権へとダイナミックに転換していく歴史が、これから始まるのである。

第2部

失われた大和「秦王国」の歴史

松重楊江

仏教伝来と秦王国（俀国）

日本が神話の世界から歴史の世界へと登場することになった飛鳥《あすか》時代とは、倭国（九州王朝）および俀《たい》国（近畿王朝・秦《しん》王国）への仏教伝来を契機として、古墳時代晩期の人々が中国大陸や朝鮮半島の先進文化を受容し、仏教美術を主体とする「上代《じょうだい》文化」の基礎を築いた時代であった。

この日本の曙《あけぼの》の時代、仏教が百済から公式に伝えられたのは六世紀中期で、聖明王《しょうみょうおう》が仏像や経典などを献上したのに始まる。しかるに、わが国の「正史」とされている『日本書紀』（以下『紀』と略す）の編さん時の八世紀に、為政者が公式に採用したのは欽明十三年（五五二年）渡来説であった。けれども、その年次については古来異説があるが、『元興寺伽藍縁起並びに流記資財帳』にいう戊午《つちのえうま》の年（五三八年）とするのが正しいようである。

流記《るき》

それを証明するために、元興寺（＝飛鳥寺）丈六光銘（書写）の資料を検証してみよう。

元興寺伽藍縁起ならびに流記資財帳（抜粋）

〔原文〕

楷井等由羅宮治天下等與彌氣賀斯岐夜比賣 乃 生年一百

（中略）

難波天皇之世辛亥年正月五日、授塔露盤銘。

（中略）

丈六光銘曰、

α　天皇名廣庭、在斯歸斯麻宮時、百濟明王上啓、「臣聞、所謂佛法既是世間無上之法、天皇亦應修行。」擎奉佛像經教法師。天皇詔巷哥名伊奈米大臣、修行茲法。故佛法始　建大倭。廣庭天皇之子多知波奈土與比天皇在夷波禮濱邊宮、任性廣慈、信重三寶、損棄魔眼、紹興佛法。而妹公主名止與彌學哥斯岐移比彌天皇、在楷井等由羅宮、追盛濱邊天皇之志、亦重三寶之理、揖命濱邊天皇之子之名等與刀禰々大王、及巷哥名伊奈米大臣之子名有明子大臣、聞道諸王子教緇素、而百濟惠聰法師、高麗惠慈法師、巷哥有大臣長子名善德爲領、以建元興寺。

β　十三年歳次乙丑四月八日戊辰、以銅二萬三千斤、金七百五十九兩、敬造尺迦丈六像、銅繡二躯并挾侍。高麗大興王方睦大倭、尊重三寶、遙以隨喜、黃金三百廿兩助成大福、同心結縁、願以茲福力、登遐諸皇遍及含識、有信心不絶、面奉諸佛、共登菩提之岸、速成正覺。

γ　歳次戊辰、大隨國使主鴻臚寺掌客裴世清、使副尚書祠部主事遍光高等來奉之。

δ　明年己巳四月八日甲辰、畢竟坐於元興寺。牒。以去天平十八年十月十四日被僧綱所牒偁、寺家縁左并資財等物、子細勘録、早可牒上者、依牒旨、勘録如前。

（中略）

天平廿年六月十七日佐官業了僧

（以下略）

（東京堂出版『寧樂遺文』中巻より）

〔読み下し文〕

丈六の光銘に曰く。

◎α群「天皇《すめらみこと》、名は広庭《ひろにわ》（『紀』は欽明天皇に比定）斯歸斯麻宮《しきしまのみや》に在りし時、百済の明王（聖明王）上啓《もうしふみ》しく『臣聞く、いわゆる仏法はすでに是の世の間に無上の法なり。天皇また修行し給うべし』と。仏像・経教・法師を肇《ささ》げ奉りき。天皇、巷哥《そが》（蘇我氏）の名は伊奈米大臣《いなめのおおみ》に詔《みことのり》したまい、茲《こ》の法を修行せしめ給う。故、仏法始めて大倭《おおやまと》（俀国《たいこく》）に建てり。広庭天皇の子・多知波奈土與比天皇《たちばなのとよひのすめらみこと》（『紀』は用明天皇に比定）、夷波禮濵邊宮《いはれのはまべのみや》に在りて性《みこころ》に任《まか》せ広く慈《いつく》しみ、重く三寶《さんぼう》を信じ、魔眼を損棄《そんき》して仏法を紹興し給う。而して妹《いも》の公主《ひめみこ》・名は止與彌挙哥斯岐移比彌天皇《とよみけかしきやひめのすめらみこと》、桜井等由羅宮《さくらいのとゆらのみや》に在り、濵邊天皇《はまべのすめらみこと》の子《みこ》・名は等與刀彌〻大王《とよとみみのおおきみ》および巷哥《そが》の伊奈米大臣の子・名は有明子大臣《うまこのおおおみ》に揖命《ゆうめい》（少し会釈《えしゃく》）して、道を聞かんとする諸王子に緇素《しそ》（僧の風俗）を教えしめて、百済の恵聡《えぞう》法師・高麗の恵慈《えじ》法師および巷哥有明子大臣が長子・名は善徳《ぜんとく》を頭《かしら》とし、もって、元興寺《がんごうじ》を建てたまいき。

◎β群　十三年、歳《ほし》は乙丑《きのとうし》（六〇五年）に次《やど》りし年の四月八日戊辰《つちのえたつ》、銅二万三千斤・金七百五十九両をもって～敬みて尺迦《しゃか》（釈迦）丈六の像、銅《あかがね》・繍《ぬいもの》の二躯～および挟侍《きょうじ》を造り奉る。高麗の大興王、方《まさ》に大倭（俀国）に睦み、三寶を尊重し、はるかに随喜《ずいき》し（いたくよろこび）、黄金三百廿両をもって大福を助成し、同心結縁し、茲《こ》の福力をもって、登遐《とうか》したまいし（すでに崩御されし）諸皇（先皇たち）より遍《あまね》く含識《がんしき》（衆生）に及ぶまで信心有り、尊崇絶えず、諸仏に面奉して共に菩提の岸に登り、正覚速成を願う。

◎γ群　（十六年）歳は戊辰《つちのえたつ》（六〇八年）に次《やど》りし年に大隋国の使主、鴻臚寺《こうろじ》の掌客・裵世清《はいせい》、副使の尚書祠部《しょうしょしぶ》主事・遍光高等《へんこうこうら》来り奉る。

◎δ群　明くる歳、己巳《つちのと・み》（六〇九年）の四月八日甲辰《きのえたつ》に畢竟（つくりお）えて、元興寺に坐せまつる」と。牒《ちょう》（通牒）す。

去る天平十八年（七四六年）十月十四日をもって、僧綱所《そうごうしょ》の牒を被《こうむ》りて偁《いわ》く、「寺家の縁起並びに資財等の物、仔細に勘録し、早《すみやか》に牒上すべし」と。

牒の旨に依り、勘録すること前《さき》の如し。

（東京堂出版『寧楽遺文』中巻より）

〔解説〕

中国から朝鮮への仏教伝来は、高句麗小獣林《しょうじゅうりん》王（在位三七一年～三八四年）二年（三七二年）六月、前秦（五胡《こ》十六国の一《ひとつ》）の三代王・符堅《ふけん》が僧順道《じゅんどう》と仏像・経文を送ってきたのに始まっている。次いで、同四年（三七四年）に東晋から僧阿道《あどう》が来たので、さっそく肖門《しょうもん》寺と伊弗蘭《いふつらん》寺を建て、二僧を迎え入れてより盛んになった。

百済では枕流《ちんる》王元年（三八四年）東晋から僧摩羅難陀《まらなんだ》が来ると、王はさっそく彼を宮中に迎えてその教えを聞くや、王室一家は深く仏教を信じるようになり、翌年、漢山（京畿道広州郡南漢山）に仏寺を建てている。このようにして百済仏教が始まり、やがて倭国（九州）および俀《たい》国（大倭《おおやまと》・秦王国）へと伝えられた。

現存する「仏教伝来」の最も旧い原史料が、元興寺《がんごう》（飛鳥寺）丈六光銘文である。今回、その光銘（書写）文を精確に読み下してみると、従来の「国史」が、故意か偶然か、これを正しく伝えていないことに気づいたのである。すなわち、本稿のテーマである「捏造の日本史」の原点がここにあったと判明した次第である。

その要点をまとめると次のようになる。

(1) α群——天皇《すめらみこと》名についての検証

① 広庭《ひろにわ》天皇（斯歸斯麻宮《しきしまのみや》＝敷島宮）は阿毎多利思北弧《あめたりしほこ》（俀《たい》国王）の父のことであり、『紀』のいう欽明天皇《きんめいてんのう》（天国排開広庭尊《あめくにおしひらきひろにわのみこと》）のことではないと判明した。

② 多知波奈土與比《たちばなのとよひの》天皇（夷波禮濱邊宮《いはれのはまべのみや》）は阿毎多利思北弧の長男のことであり、『紀』のいう用明天皇《ようめいてんのう》（橘豊日尊《たちばなのとよひのみこと》）のことではないと判明した。

③ 止與彌挙哥斯岐移比彌《とよみけかしきやひめの》天皇（桜井等由羅宮《さくらいのとゆらのみや》＝豊浦宮）は阿毎多利思北弧の息女のことであり、『紀』のいう推古天皇《すいこてんのう》（豊御食炊屋姫《とよみけかしきやひめ》）のことではないと判明した。

④ 濱邊天皇之子・等與刀彌、大王《とよとみみのおおきみ》は上宮聖徳法王帝《かみつみやしょうとくほうおうてい》（秦王国王）のことであり、『紀』のいう聖徳太子（厩戸皇子《うまやどのおうじ》）のことではないと判明した。

なお、世上『法隆寺縁起書』等に「上宮聖徳法王帝説《じょうぐうしょうとくほうおうていせつ》」というのがあるが、これは上宮《かみつみや》法王（秦王・東漢《やまとのあや》氏《し》）と天皇家・聖徳太子（百済の威徳王昌《しょう》がモデル）を結びつけるために、新羅僧によって捏造された初期の「偽造文書」である。この文書は上宮聖徳法王、生四九年としている。また、その母・鬼前太后《おにさきのふとしきさき》を穴穂部間人皇女《あなほべのはしひとのひめみこ》、妻・干食王后《かんしょくのひめみこ》を膳大刀自《かしわでのおおとうじ》というように作為し、故意に聖徳太子一族に仕立てようとしていて、それにより、その捏造記事は『法隆寺縁起書』などにも引用され、「聖徳太子伝説」を〝デッチアゲル〟原史料となっている。

(2)　α群――巷哥氏（蘇我氏）の系列について

俀国伝には伊奈米→有明子→善徳となっているにもかかわらず、『紀』はこれを稲目→馬子→蝦夷《えみし》（→入鹿《いるか》）とし、巷哥《そが》氏三代の名を連ねて「馬鹿《ばか》」という卑字にしている。

(3)　γ群――隋使一行について

俀国伝には裴世清と尚書祠部の主事遍光高等のことを記しているが、果たして正しい記事なのであろうか。γ群の記事はどうも疑わしいと思われる。

ここにいう隋使一行のことについては、『隋書』俀国伝《たいこくでん》を読むとよく理解できる。ところが、従来の歴史参考書、例えば石原道博著『訳註中国正史日本伝』（国書刊行会版）などは、『隋書』俀国伝を「倭国伝」と意識的に誤訳するなど、内容にも随分間違った翻訳が多い。その間違った「読み下し文」を基にして、『魏志』倭人伝なども訳されているようだ。そのため、わが国の正史＝「古代史」が誤り伝えられることになった。

そこで今回、『隋書』俀国伝の「訳文」を正しく読んでみることにした。読者はご面倒でも、前記・石原氏などの『訳註』と比較しながら読んでいただきたい。

※α群などの表記号および『紀』の作者名について

「α群は唐代北方音で書かれた漢文。作者は続守言《しょくしゅげん》と薩弘恪《さつこうかく》という唐人である。β群は正格漢文を意図せず訓読によって綴ったもの。作者は山田史御方《やまだのふひとみかた》という。γ群は倭習が少なくα群に近い漢文。この作者は唐留学生《るがくしょう》の紀朝臣清人《きのあそんきよと》か。δ群は各時代音混用の倭習漢文。この作者は三宅臣藤麻呂《みやけのおみふじまろ》かと考えられる」（森博達著『日本書紀の謎を解く』中央公論新社版より）

『隋書』俀国伝

〔読み下し文〕（原文は別図に掲載）

俀《たい》国は、百済や新羅の東南に在り、水陸を越えること三千里、大海中の山島に依って居する。三国魏の時代（三世紀前期）、通訳を伴って中国と通じたのは三十余国。皆が王を自称した。東夷の人は里数（距離）を知らない、ただ日をもって計っている。その国の境は東西に五カ月、南北に三カ月の行程で、各々が海に至る。その地形は東高西低。都は邪摩堆、魏志の説に則《のっと》れ

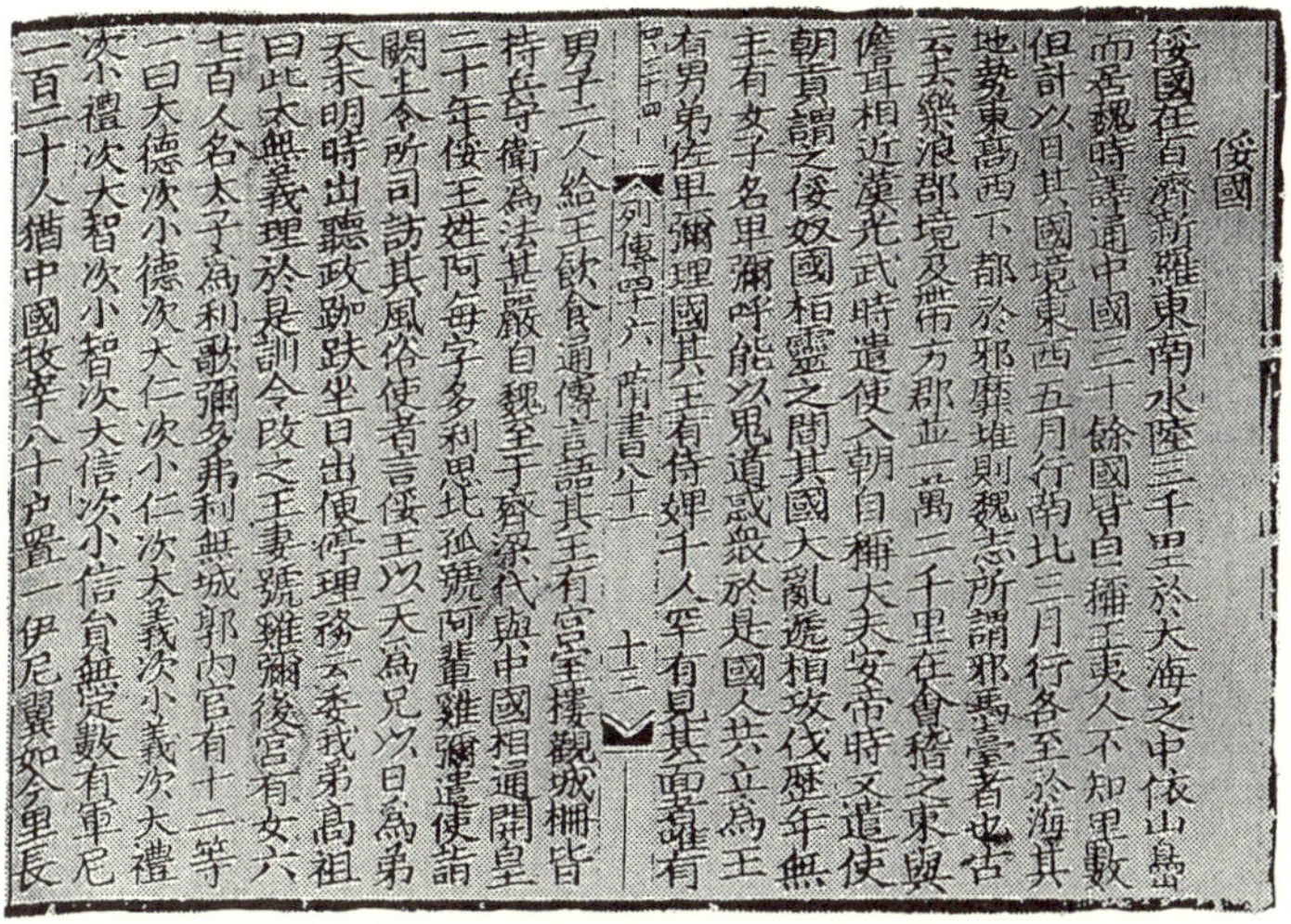

倭國

倭國在百濟新羅東南水陸三千里於大海之中依山島而居魏時譯通中國三十餘國皆自稱王夷人不知里數但計以日其國境東西五月行南北三月行各至於海其地勢東高西下都於邪靡堆則魏志所謂邪馬臺者也古云去樂浪郡境及帶方郡並一萬二千里在會稽之東與儋耳相近漢光武時遣使入朝自稱大夫安帝時又遣使朝貢謂之倭奴國桓靈之間其國大亂遞相攻伐歷年無主有女子名卑彌呼能以鬼道惑衆於是國人共立為王有男弟佐卑彌理國其王有侍婢千人罕有見其面者唯有

【列傳四十六　隋書八十一　十三】

男子二人給王飲食通傳言語其王有宮室樓觀城柵皆持兵守衛為法甚嚴自魏至于齊梁代與中國相通開皇二十年倭王姓阿每字多利思比孤號阿輩雞彌遣使詣闕上令所司訪其風俗使者言倭王以天為兄以日為弟天未明時出聽政跏趺坐日出便停理務云委我弟高祖曰此太無義理於是訓令改之王妻號雞彌後宮有女六七百人名太子為利歌彌多弗利無城郭內官有十二等一曰大德次小德次大仁次小仁次大義次小義次大禮次小禮次大智次小智次大信次小信員無定數有軍尼一百二十人猶中國牧宰八十戶置一伊尼翼如今里長

『隋書』俀国伝

ば、邪馬臺というなり。古伝承では楽浪郡の境および帯方郡から一万二千余里、会稽《かいけい》（浙江省）の東に在り、儋耳《たんじ》（済州島）と相似《そうじ》するという。

後漢の光武帝の時（一世紀・二五年〜五七年）、遣使が入朝し、大夫《たいふ》を自称した。安帝の時（二世紀・一〇六年〜一二五年）、また遣使が朝貢、これを倭奴国《わどこく》（実は金印文字のとおり「委奴国《いどこく》」が正しい）という。

桓帝と霊帝の間（二世紀末一四六年〜一八九年）、その国は大いに乱れ、順番に相手を攻伐《こうばつ》し、何年もの間、国主がいなかった。卑彌呼という名の女性がおり、鬼道をもってよく大衆を魅惑《みわく》したが、ここに於いて国人は、卑彌呼を王に共立した。弟がいて、卑彌呼の国政を補佐した。その王には侍婢が千人、その顔を見た者は極めて少なく、ただ二人の男性が王の飲食を給仕し、言葉を伝えるため通じる。その王の宮室や楼観・城柵には皆、兵が侍して守衛しており、法は甚だ厳しい。魏《ぎ》より斉《せい》、梁《りょう》に至るが、代々中国と通じた。

開王二十年（六〇〇年）、俀王《たいおう》・姓は阿毎《あめ》・字《あざな》は多利思北弧《たりしほこ》・号は阿輩雞彌《おほきみ》、遣使を王宮に詣でさせる。上《かみ》（天子）は所司に、そこの風俗を尋ねさせた。使者が言うには、俀王は天をもって兄となし、日をもって弟となす。天が未だ明けない時、出でて聴政し、結跏趺坐《けっかふざ》（座禅に於ける坐相）して、日が昇《のぼ》れば、すなわち政務を停め、我が弟に委ねるという。高祖が曰く、「これはとても道理ではない」。ここにおいて訓令でこれを改めさせる。

王の妻は雞彌と号し、後宮には女が六百〜七百人いる。太子を利歌彌多弗利《りかみたふり》と呼ぶ。城郭はない。内官には十二等級あり、初めを大徳といい、次に小徳、大仁、小仁、大義、小義、大禮、小禮、大智、小智、大信、小信（と続く）、官員には定員がない。軍尼（国造か）が百二十人おり、中国の牧宰（国主）のごとし。八十戸に一伊尼翼を置き、今の里長のようである。十伊尼翼は一軍尼に属す。

その服飾は男子の衣は裙襦《くんじゅ》、その袖は微小、履（靴）は草鞋《わらじ》のような形で、漆をその上に塗り、頻繁にこれを足に履く。庶民は多くが裸足である。金銀を用いて装飾することを得ず。故時、衣は幅広で、互いを連ねて結束し、縫製はしない。頭にも冠はなく、ただ髪を両耳の上に垂らしている。隋に至り、その王は初めて冠を造り、錦の紗（薄絹）をもって冠と為し、模様を彫った金銀で装飾した。婦人は髪を後で束ね、また衣は裙と襦、裳《もすそ》には皆（ちんせん）がある。檝竹《せんちく》を櫛と為し、草を編んで薦《こも》（ムシロ）にする。雑皮を表面とし、文様のある毛皮で縁取る。

弓、矢、刀、矟《ほこ》、弩《ど》（いしゆみ）、欑《さん》、斧《おの》がある。皮を漆で塗って甲《かぶと》とし、骨を矢鏑《やかぶら》とする。兵はいるが、征服戦はない。その王の朝会では、必ず儀仗《ぎじょう》を陳設《ちんせつ》し、その国の音楽を演奏する。戸数は十万ほどか。

そこの俗人では殺人、強盗および姦通はいずれも死罪、盗者は盗品の価値を計り、財物で弁償させ、財産のない者は身を没収して奴隷となす。その余は軽重によって、あるいは流刑、あるいは杖刑。犯罪事件の取調べでは毎回、承引せざる者は、木で膝を圧迫、あるいは強弓を張り、弦《つる》でその項《うなじ》を撃つ。あるいは沸騰《ふっとう》した湯の中に小石を置き、競い合う者にもこれを探させる。理由は正直でない者は手が爛《ただ》れるのだという。あるいは蛇を甕の中に置き、これを取り出させる、正直でない者は手を刺されるのだという。

人はとても落ち着いており、争訟は稀で、盗賊も少ない。楽器には五弦、琴、笛がある。男女の多くが臂《ひじ》（肩から手首まで）、顔、全身に文身《いれずみ》（刺青）をし、水に潜って魚を捕る。

文字はなく、ただ木に刻みを入れ、縄を結んで（通信）する。仏法を敬い、百済で仏教の経典を求め得、初めて文字を有した。卜筮《うらない》を知り、最も巫覡《かんなぎ》（男女の卜占・巫者）を信じている。

毎回、正月一日になれば、必ず射撃競技や飲酒をする。その他の節句はほぼ中華と同じである。囲碁、握槊《あくさく》、樗蒲《ちょほ》（さいころ）の競技を好む。気候は温暖、草木は冬も青く、土地は柔らかくて肥えており、水辺が多く陸地は少ない。小さな輪を河鵜《かわう》の首に掛けて、水中で魚を捕らせ、日に百匹は得る。

俗では盆や膳はなく、槲葉《かしわば》を利用し、食べるときは手を用いて匙《さじ》のように使う。性質は素直、風雅である。女が多く男は少ない。婚姻は同姓をとらず、男女が愛し合えば、すなわち結婚である。妻は夫の家に入り、必ず先に犬を跨《また》ぎ、夫と相見える。婦人は淫行や嫉妬をしない。死者は棺槨《かんかく》（ひつぎ）に納める、親しい来客は屍の側で歌舞し、妻子兄弟は白布で服を作る。貴人の場合、三年間は外で殯《かりもがり》（陵へ埋葬する前に、棺桶に安置）し、庶人は日を占って埋葬する。葬儀に及ぶと、屍を船上に置き、陸地にこれを牽引《けんいん》する、あるいは小さな御輿《みこし》をもって行う。

阿蘇山があり、そこの石は故無く火柱を昇《のぼ》らせ天に接し、俗人はこれを異となし、因って祭祀を執り行う。如意宝珠《にょいほうじゅ》があり、その色は青く、鶏卵のような大きさで、夜には光り、魚の眼の精霊だという。新羅や百済は皆、俀を大国で珍物が多いとして、これを敬仰して常に通使が往来している。

大業三年（文帝の時・六〇七年）、俀国の王・多利思北弧が遣使をもって朝貢。使者が曰く「海西の菩薩天子、重ねて仏法を興すと聞き、故に遣わして朝拝させ、兼ねて沙門（僧侶）数十人を仏法の修学に来させた」と陳《の》べる。その国書に曰く「日出ずる處の天子、書を日没する處の天子に致す。恙《つつが》なきや」云々。帝はこれを見て悦ばず、鴻臚卿《こうろきょう》（外務大臣）が曰く「蕃夷《ばんい》の書に無礼あり。再び開くことなかれ」と。

翌年（六〇八年）、上《かみ》（煬帝《ようだい》）は文林郎の裴清《はいせい》を使者として俀国に派遣した。百済を渡り、竹島に着き、南に〇羅国を望み、都斯麻国《つしまこく》を経て、遥か大海中に在り。（また）東に一支国《いきこく》に至り、（また）竹斯国《ちくしこく》に至り、（また）東に秦王国《しんおうこく》に至る。そこの人は華夏（中華）と同じ、もって夷州となす。疑わしいが解明は不能である。また十余国を経て、海岸に達した。竹斯国より以東は、いずれも俀《たい》に附庸《ふよう》している。杖を設け、鼓角を鳴らして来迎した。十日後にまた、大禮の哥多吡《かたひ》を遣わし、二百余騎を従えて郊外で慰労した。

すでに彼の都に至り、その王は裴清と相見《あいまみ》え、大いに悦び、曰く「我、海西に大隋、礼儀の国ありと聞く故に遣わして朝貢した。我は夷人にして、海隅の辺境では礼儀を聞くことがない。これをもって境内に留まり、すぐに相見えなかった。今、ことさらに道を清め、館《やかた》を飾り、もって大使を待ち、願わくは大国維新の化を聞かせてほしい」と。

裴清が答えて曰く「皇帝の徳は併せて二儀、恩恵は四海に流れ、王を慕《した》うをもって化し、故に使者を来たらしめ、ここに諭を宣す」と。すでに裴清は引き上げて館に就く。その後、裴清が人を遣わして、その王に曰く「朝命はすでに達したので、すぐに道を戒めることを請う」と。

ここにおいて宴を設け、裴清を遣わして享受させ、再び使者を裴清に随伴させて方物を貢献させにきた。この後、ついに途絶えた。

〔解説〕

このように、精確な「読み下し文」を熟読してみると、従来の『訳註中国正史日本伝』なるものが、いかに〝粗雑〟なものであったかがよく分かる。

『隋書』俀国伝を〝わざわざ〟「倭国伝」とするために、変な訳し方をしたものである。

その最たるものは、俀国王を倭国王と誤訳したことにある、といわねばなるまい。

『隋書』俀国伝によれば、後漢が成立した（一世紀の）光武《こうぶ》帝の時、倭の委奴国《いどこく》から遣使が朝貢している。そして二世紀の後半から約半世紀の間、倭国（九州）は大いに乱れ、国々は攻伐し合ったという。そして三世紀の卑弥呼《ひみこ》の記事を載せている。

では、一世紀〜六世紀、約五百年間の「日本の歴史」はどのようなものだったのか。あるいは、前二〇二年、始皇帝の秦帝国が滅んだのち、秦人の子孫（失われたユダヤ人たち）が日本列島へ亡命・渡来していた歴史があったのであろうか。

隋書によれば、六〜七世紀には俀《たい》国（倭国より大きい国）が成立しており、その王国は奈良盆地にあったと記されている。されば俀国は、日本の大部分を支配していた「強国」だったのだろうか。すると、従来の「国史」が主張する「大和朝廷」の国はどこにあったことになるのか。「俀国伝」には大倭《おおやまと》＝俀国《たいこく》となっていて、大和朝廷の文字はどこにも見当たらず、誠に不思議である。

そして同書によれば、俀王・阿毎多利思北弧《あめたりしほこ》は「出でて政《まつりごと》を聴くに跏趺《かふ》（あぐら）して坐す」と言われるように、釈迦を模範にして「結跏趺坐《けっかふざ》」の姿で政務を執っていた。するとその態度からして、堂々とした天子（皇帝）の風格が感じられる。また、その孫である上宮聖徳《かみつみやしょうとく》法王《ほうおう》も仏教に帰依した天子であった、という。

なお、愛媛県松山市道後温泉の「伊予温泉碑」に刻んである「法王大王」を、いわゆる聖徳太子の事績にして観光客に説明しているが、実は「法王大王」とは上宮《かみつみや》聖徳法王《しょうとくほうおう》のことである。つまり、倭国の阿毎多利思比弧《あまたりしひこ》でも聖徳太子でもないのである。

念のため、「伊予温泉碑文」（読み下し文）を記すと次のとおりになる。

「法興六年十月、歳《ほし》は丙辰《ひのえたつ》に在《やど》る。我が法王大王と恵慈《えじ》法師及び葛城臣《かつらぎおみ》と、夷与《いよ》の村に逍遥《しょうよう》す。正に神井《しんせん》（神泉）を観、世に妙験なるを歎ず。意を叙《の》べんと欲して、聊《いささ》かに碑文一首を作る。惟《おも》いみれば夫《そ》れ、日月は上に照らして私せず、神井は下に出でて給せずということ無し。万機は所以《ゆえん》に妙応《みょうおう》し、百姓はゆえんに潜《ひそ》かに扇《あお》ぐ。若乃《すなわち》、照給に偏私無し、何ぞ寿国に異《こと》ならむ。華台に随いて開け合い、神井に沐して病を治す。なんぞ花池に落ちて弱《わかき》に化《か》えることに違《たが》わむ。伺いて山岳の巌《いわお》を望み、反子平《さらに》の能《よ》く往きしことを冀《こいねが》う。椿樹《ちんじゅ》相覆《おお》いてよがり、実に五百の蓋《きぬがさ》を張れるかと想う。朝に臨めば鳥鳴きて戯《たわむ》れさえずり、何ぞ乱音の耳にかましきことを暁《さとら》む。丹花葉を巻《まき》て映え照り、玉菓花びらに弥《み》ちて井（湯泉）に垂《たれ》る。その下を経過し、もって優遊す可《べ》し。あに悟らんや、洪灌霄庭《こうかんしょうてい》（見事な庭園）の意《こころ》。意と才拙《つたな》く、実に七歩にし恥《は》ず、後の君子、幸いにして笑する無かれ」

『隋書』俀国伝によれば、六〇八年、隋から来た使者は文林郎裴清《はいせい》であって、元興寺（＝飛鳥寺）丈六光銘（書写資料）文に見えるような、鴻臚寺の掌客・裴世清《はいせいせい》ではない。前者（裴清）は従八品《ほん》で、後者（裴世清）は開皇令《かいこうりょう》で正九品下、唐令《とうりょう》で正九品上である。中国において、隋

（六世紀末〜七世紀初）から唐（七世紀初〜九世紀末）に政権が替わった時、同一人物が降格したということではなく、裵世清は裴清の息子で、父の跡を継いで代替わりしていたのである。『訳註』はこの二人（父子）を混同している。

また、『紀』にいう遣唐使で中国へ行った小野妹子《おののいもこ》とは、九州王朝＝倭国（筑紫国女王・額田王《ぬかたのおおきみ》）の使者であって、隋の時代に俀国《たい》から隋へ遣わされたという使者ではない。このように、『紀』が記す六〇七年の記事、推古天皇（および聖徳太子）の対隋外交などというのは、すべて全くのフィクションであった。

法隆寺の釈迦三尊像の光背銘が示すもの

法隆寺の現本尊・釈迦三尊像は創建当時のものではない。

『紀』天智記に「九年（六七〇年）夜半の後、法隆寺に災あり、一屋余す無し」とある。ただし、この記事については、現在の法隆寺を斑鳩宮とする『紀』の記録が、意識的になされた「誤記」であることを先著で明らかにした。

法隆寺金堂安置・釈迦三尊像光背金石文

この金石文は「再生」されたものである（古田武彦著『法隆寺の中の九州王朝』より）。

〔原文〕

法興元卅一年歳次辛巳十二月鬼前太后崩
明年正月廿二日上宮法皇枕病弗余
干食王后仍以労疾並著於床
時王后王子等及與諸臣深懐愁毒共相發願
仰依三寶當造釋像尺寸王身蒙此願力轉病延壽安住世間若是定業以背世者往登浄土早昇妙果
二月廿一日癸酉王后即世
翌日法皇登遐
癸未年三月中如願敬造釋迦尊像並俠侍及荘嚴具竟
斯微福信道知識現在安穏出生入死随奉三主紹隆三寶遂共彼岸
普遍六道法界含識得脱九縁同趣菩提
使司馬鞍首止利佛師造

〔読み下し文〕

法興元三十一年、歳次辛巳《かのとみ》（西暦六二一年）十二月、鬼前太后崩ず。明年（西暦六二二年）正月二十二日、上宮法皇、枕病して余《よ》からず、干食王后、仍《よ》りてもって労疾《ろうしつ》し並びに床に著《つ》く。時に王后・王子等、及び諸臣と与《とも》に、深く愁毒を懐《いだ》き、共に相発願《ほつがん》す。「仰いで三宝に依り、当《まさ》に釈像を造るべし。尺寸の王身、此の願力を蒙り、病を転じ、寿を延べ、世間に安住せんこと

釈迦三尊像

を。若し是れ定業《じょうごう》にしてもって世に背けば、往きて浄土に登り、早く妙果に昇らんことを」と。二月二十一日、癸酉《みずのとり》、王后、即世《そくよ》す。翌日（二月二十二日）、法皇、登遐《とうか》（崩御）す。癸未《みずのとひつじ》（六二三年）三月中、願の如く、釈迦尊像並びに挟侍及び荘厳の具を鋳造し竟《おわ》る。斯の微福に乗ずる、信道の知識、現在安穏にして、生を出《い》で死に入り、三主に随奉し、三宝を紹隆して、ついに彼岸を共にせん。六道に普遍する、法界の含識、苦縁《くえん》を脱するを得て、同じく菩提に趣《おもむ》かん。使司馬《しめ》・鞍首《くらのおびと》・止利仏師、造る。

〔解説〕

この金石文は、上宮法皇＝聖徳太子論に立った「後世の造文」であるが、見逃せない叙述がある。

まず「法興元」は俀国の年号である。上宮法皇の没年は法興元三十二年二月二十二日（推古三十年、ＡＤ六二二年）だという。

『紀』もこれに合わせて、聖徳太子の没年を推古二十九年二月癸未《みずのとひつじ》（五日）＝ＡＤ六二一年二月二十一日としている。だが、太秦の広隆寺は十一月二十二日を「聖徳太子」の命日として法要を営んでいる。すなわち、実在した上宮聖徳法王《かみつみやしょうとくほうおう》の没年は、先述の如く本当は六二二年十一月二十二日なのであった。上宮法皇夫妻の没年が一日差であることは、「先著」で明らかにした「心中説」の裏付けになることを示唆している。

上宮法皇の母を鬼前太后《おにさきのふとしきさき》、妻を干食王后《かんしょくのひめみこ》（実はホキキミノイラツメ）としている。

上代にあって、法皇とは仏法に帰依し、それを敬う天子のことである。天子あるいは皇帝は天皇や王より格が上の最高の権力者を意味していた。そして、法王とは仏法でいう釈迦（同一人格の意）のことであった。

唐・仏教文化の「東征」

中国「漢」以後の実像

紀元前の前漢末期、中国の戸数は千二百万戸を超え、人口は六千万人に達していたが、後漢の滅亡から六朝《りくちょう》時代（三国→西晋→東晋→北朝・南朝への移行期）への変遷で次第に減少し、隋・煬帝《ようだい》の大業二年（六〇六年）の記録によれば、戸数八百九十万七千余戸／人口四千六百万人と記録されている。だが唐の太宗が即位したころ、全国の戸数はさらに減少してわずか三百万戸に満たなかったという。それほど、隋から唐への移行期における〝遠征軍の派遣〟および

〝政権争奪戦〟（群雄の逐鹿戦《ちくろくせん》）が激しかったのであろう。だが、杜佑《とゆう》の唐代『通典』によれば、八世紀の盛唐～天宝・開元の時代になると、全国の戸数は千三百万戸から千四百万戸（人口は約七千万人）にまで回復したと推定記録されている。

ここで、陳舜臣著『中国の歴史』（平凡社）5「動乱の群像」を引用して述べる。

☆　☆

さて、唐の太宗が即位したころ、全国の戸数はわずか三百万戸に満たず、人口も千六百万人程度であったが、貞観《じょうがん》時代（七世紀）の唐には、煬帝の隋にはない強さがあったという。すなわち、太宗の唐代には質実剛健のモラルを秘めた屯田兵的強さが育ち、国民道徳を向上させる社会教育が徹底して行われるようになっていた。

その時代を記録している『旧唐書《くとうじょ》』には、「東は海（渤海《ぼっかい》および東シナ海）に至り南は嶺《れい》（広州）に至るまで（人々は）皆な外に戸《と》を閉じず行旅には糧を齎《も》たず」とある。すなわち「当時は、全国どこへ行っても、戸締りをする必要がなく、旅行するのに食糧を携帯する必要もなかった。治安がよく、食糧が豊かで、各地に給食の設備があった」と、その社会の充実ぶりが述べられているのである。

ところが、武徳九年（六二六年）、太宗の即位早々、突厥《とっけつ》（匈奴）十万余の侵攻をうけ、首都が脅《おびや》かされるという深刻な事態が起こった。八月の即位後十二日目のことで、長安で動員できる兵は数万人にすぎなかったから、やむをえず、唐は全財産を投げ出して渭水《いすい》の畔《ほとり》にいた突厥軍に与え、辞を低くして引き取ってもらった。

このときの渭水の盟約が、唐にとって屈辱的なものであったことは、史書によっても明らかで、太宗にとっては終生忘れられない「大恥《おおはじ》」となった。

渭水の恥のあと、太宗は軍隊に猛訓練をほどこした。太宗自ら訓練に臨《のぞ》み成績の良い者には賞を出し、太宗自身も遊興をせず、率先範を示したといわれている。

そして「これより後、士卒みな精鋭たり」と史書に記されるほどになった。

後年、唐軍は李靖《りせい》を将軍とする遠征軍で、突厥を撃破した。

太宗は李靖の戦功を嘉《よみ》し、「威、北狄《ほくてき》（匈奴）に振うこと、古今未だ有らざる所にして、往年の渭水の役《えき》に報いるに足る」として、渭水の恥に報復した戦果を賞した。

当時、シルクロードの交易は玄奘の通ったルート、いわゆる「伊呉《いご》の道」に頼っていた。

すなわち、玉門関《ぎょくもんかん》（万里の長城の終点）から砂漠に出て、伊呉から高昌《こうしょう》（トルファン盆地）を通り、焉耆《えんき》（カラシャール）から亀茲《きじ》（クチャ）と、天山南路のオアシスを伝っていく道である。以前、そこから天山南路に入るルートがあったが、久しく閉鎖されて、「旧道」と呼ばれていた（唐代初期関係図参照）。

エンキ（カラシャール）王は旧道が復活すれば、自国が交通の要衝になって有利なので、唐にその再開を要請した。しかし、旧道が復活すれば、高昌国は大きな打撃をうけるため、高昌王は反対し、エンキ攻撃を繰り返すようになった。

貞観十三年（六三九年）十二月、唐は高昌に遠征軍を送ることに決し、遠征軍は西に向かっ

陳舜臣著『中国の歴史』７隋唐の興亡（平凡社）より

唐代初期関係図
国名
府
都護府
要地
西突厥
高昌
安西都護府
（交河城）
伊吾
葱嶺
焉耆
亀茲
疏勒
玉門関
沙州（敦煌）
隴右道
朱俱波
謁般陀
小勃律
疊州
吐蕃
羌
剣南道
南詔
天竺

た。高昌王麹文泰《きくぶんたい》は「とても唐軍は砂漠を越えられないだろう」と過小評価し、豪語していたのに、唐軍は続々と磧口《せきこう》（砂漠の入口）に至っているという報告を受けると、憂懼《ゆうく》して（憂い恐れて）唐軍の来る前に死んだ。高昌と親戚の西突厥も、太宗の断固たる出兵に驚き遠くから見守るばかりであった。こうして高昌国は滅び、唐は直轄領・西州と命名してトルファン都護《とご》府《ふ》を置き、守備兵を配したのである。

貞観十八年（六四四年）、太宗は自ら「高句麗国王位争いの内紛を鎮《しず》めるため」という名目で、十万の兵を集めて（東方の）高句麗遠征を決行した。しかし、春五月に遼東に入ったのに、秋になっても安市城の高句麗軍は固守して陥《おち》ず、そのうち冬将軍が到来したので唐軍は撤退した。高句麗はこのあと謝罪使を送ってきたが、再遠征の計画を続行しているうちに、貞観二十三年（六四九年）四月、太宗の死によって高句麗討伐は中止となった。

白村江の戦はどうして起こったのか

陳舜臣《ちんしゅんしん》著『中国の歴史』第7巻（平凡社）の中に、唐の貞観《じょうがん》時代（AD六二六年以来二十三年間続いた太宗・李世民の治世）を引き継いだ高宗（李治）の皇后・武照（のち武則天）の功績について、次のような注目すべき一文が見られる。

☆　☆

武則天は聡明な君主であった

武則天（高宗の皇后武照／六五五年〜七〇五年）に対する評判はあまり芳しくありませんが、彼女を弁護する史家もときどき現れています。また彼女を非難しても、一面の長所を忘れずにつけ加える人も少なくありません。

半世紀にわたる彼女の執政期に、農民暴動がほとんど記録されていないのです。乱を起こしたのは、左遷グループと皇族連合ですが、彼らの反武則天戦争は、民衆から支持されていません。彼女の時代に、天災も少なくなかったのですが、その度に適切な救済策を採っています。それは実務官僚がしっかりしていたからでしょう。

『資治通鑑《しじつがん》』（宋代の史書）は武則天を、「濫《みだ》りに禄位をもって天下の人心を収めたりと雖《いえど》も、しかも職に適《かな》わざる者は、尋《つ》いで亦《ま》た之を黜《しりぞ》け、あるいは刑誅《けいちゅう》を加えたり。刑賞の柄《へい》を挟《はさ》みてもって天下を駕御《がぎょ》し、政《まつりごと》は己《おのれ》より出で、明察善断・故に当時の英賢亦《ま》た競《きそ》いて之が為に用《もち》う」と評しています。人材登用に熱心だったのです。登用した人間が不適格であれば、容赦なく解任あるいは左遷、時には処刑までしたのです。しかし彼女には人を見る目があったので、当時の有能な人たちは、働き甲斐がありました。業績が上がれば、かならず認められたので、互いに競い合ったのです。

よくいわれる彼女の恐怖政治ですが、酷吏《こくり》を利用して唐の皇族、貴族、重臣たちを、数え切れないほど殺しましたが、あとで彼女は酷吏をほとんど殺しています。殺しの元凶は、間違いなく彼女ですが、酷吏に天下の怨みを集中させ、それを誅殺して、天下の人に快哉《かいさい》を叫ばせたのです。老獪《ろうかい》というべきですが、これは名君に必要な冷たい面でありましょう。ただ彼女にはそれが、いささか過剰でありました。

　武則天の最も熱心な弁護者は、明《みん》の李卓吾《りたくご》でしょう。この異色の思想家は、『蔵書』と題する歴史人物評論のなかで、次のように述べています。

「試みに近古の王を観るに、人を知ること武氏の如き者有る乎《か》。亦《ま》た専ら人才を愛養するをもって心と為し、民を安んずる（政《まつりごと》を）念と為すこと武氏の如き者有る乎。武則天は聡明な君主であって、前漢劉邦《りゅうほう》の妻の呂后《りょこう》などは、その足許にも及ばないと断じ、今、婁《ろう》、赫《かく》、姚《よう》、宋《そう》の諸賢を観るに、並《な》べて則天の朝《ちょう》に羅列し、開元に及ぶ迄《まで》、猶お之を用いて尽きず」と、歴史上の武則天の役割を評価しています。やがて、唐の最盛期の開元、天宝の時代がやってくるのですが、そのときに活躍した人たちは、みな武則天の朝廷に並んだことがあるのです。武則天が見出した人材にほかなりません。婁師徳《ろうしとく》、赫処俊《かくしょしゅん》、姚崇《ようすう》、宋璟《そうえい》といった人たちの名を、李卓吾は挙げています。

　本物と、偽者の違いを、武即天はよく判別できたようです。孫の玄宗皇帝も、どうやら、自分の祖母の人物評価を全幅的に信頼していたと思われます。

　さらに不思議なのは、自分の寵愛していた張兄弟を、自分の孫たちが誹謗《ひぼう》していたのを知ると、血のつながった彼ら（孫）を殺したことです。それなのに、宋璟がいくら張兄弟を敵視していることがわかっても、彼を殺しませんでした。武則天は宋璟が怒っていると知ると、張《ちょう》昌宗《しょうそう》に謝りにいくよう命じたのです。わびにきた張昌宗に、宋璟は門前払いをし、そのことで張兄弟はいろいろと悪口を言ったようですが、武則天はあくまで宋璟を信じ抜き、罰を加えることはありませんでした。

不思議な人物です。武則天は政治にのめり込み、政治の人となったに違いありません。女であること、妻であること、母親であること以前に、彼女は政治家でありました。これはもう一種の政治の化け物としか、いうほかないでしょう。この政治の化け物のおかげで、人材が養成され、盛唐の玄宗がその遺産を受け継いだのです。

新羅武烈王（金春秋）の外交戦略

時代的には高宗期ですが、高句麗とその同盟国である百済を滅ぼしたことも、武則天の功績の一つに加えて差し支えないでしょう。これは武則天の力というよりは、新羅の国力をつけたことが、最も大きかったのです。この時代、高句麗の力を背景に新羅を苦しめていた百済が、かえって新羅に攻め滅ぼされてしまいました。

朝鮮半島の勢力争いについては、日本も百済の同盟国として、一枚かんでいたのです。新羅に金春秋《きんしゅんじゅう》という英傑が出て、歴史の流れを自分の方に、大きく変えさせることになりました。金春秋は新羅二十九代の王である武烈王《ぶれつおう》にほかなりません。唐の太宗のいささか性急な高句麗遠征が失敗したあと、新羅は苦境に立たされました。なぜなら、新羅は唐の遠征に呼応する姿勢をとっていたからです。この苦境を切り抜けるには、朝鮮半島南半の東部に位置する小国の新羅は、外交手段に頼るほかなかったのです。

大耶城《だいやじょう》（現在の京畿道華城郡南陽面《ファソンヒョブチョン》）を百済に奪われると、金春秋は高句麗に使いして、外交手段でそれを修復しようとしましたが、これは成功しませんでした。そこで、つぎに日本（倭国）に使いして、新羅の立場を日本政界において、有利になるように工作したのです。その翌年、彼は息子を連れて唐に入朝しました。

「貞観二十二年（六四八年）十二月 癸未《みづのとひつじ》、新羅の相、金春秋および其の子文王 入見《にゅうけん》す」と唐の史官が記録しています。

太宗の病死直前のことでした。大慈恩寺《だいじおんじ》が完成したのと同じ月だったのです。金春秋がすぐれていたのは、もちろん国益が第一でしたが、目前の国益のために右往左往しなかった点にあります。唐、高句麗、日本と、彼は広い世界を見て、採るべき方針を定めたのです。

金春秋はその後、対唐外交に専念するようになりました。自分の子をしきりに唐へ行かせ、唐の文物を採り入れ、国政を整備すると同時に、唐との関係の緊密化をはかったのです。新羅のこの外交努力は、ついに唐（執政・則天武后）を動かしました。

唐の東方政策は、これまで専ら高句麗に向けられていました。それが新羅との関係の緊密化によって、その力を新羅の敵である百済に向けるように、方向転換がなされたのです。もちろん、これは新羅の外交の勝利だけとはいえません。唐にも外交があったのはいうまでもないのです。武則天がどれだけ、対外政策に関わったかは分かりませんが、まず百済を撃って、高句麗を孤立させるという方針が、宮廷の奥深くに於いて決定されました。

百済国の滅亡

唐が百済へ遠征軍を向けたのは、高宗の顕慶《けんけい》五年（六六〇年）のことでした。まず、蘇定方《そていほう》将軍が遠征軍の総司令官に任命されました。新羅は長い間、この日を待っていたのです。

百済は震撼《しんかん》しました。百済も唐には使節を送っていたのです。けれども、その外交努力は、新羅の熱心さに比べると、まるでおざなりのものでした。入貢さえすれば、それで良いと思っていたようですが、それは甘かったといわねばなりません。もともと百済が唐に近づいたのは、北方の強国高句麗の圧迫を、少しでも弱めるためだったのです。高句麗との関係が好転すると、唐とのつながりがそれほど重要とは思えなくなり、付き合いにも手抜きがあったに違いありません。

唐将蘇定方は十歳のときから父に従って戦場に出ていたというのですから、戦争をするためにこの世に生まれてきたような人物でした。『旧唐書《くとうじょ》』には「驍悍多力《ぎょうかんたりき》、胆気絶倫《たんきぜつりん》」と形容されています。太宗のときに高句麗遠征にも従軍し、顕慶《けんけい》二年（六五七年）、西突厥《にしとっけつ》を討ち、その首長の沙鉢羅《さはつら》を石国《せきこく》まで追いつめて、これを捕えています。石国とは現在のウズベク共和国のタシュケントです。天山越えの大作戦でした。顕慶四年（六五九年）、都曼《とまん》が疏勒《そろく》（カシュガル）、朱倶波《しゅぐは》（カルガリク）、謁般陀《えつぱんだ》（タシュクルガン）の三国とともに叛《そむ》いたときも、彼が総司令官として平定しました。このとき唐の勢力圏は天山とパミールを越えていたのです。

都曼を捕えて、洛陽《らくよう》の乾陽殿《けんようでん》でこれを献じたのが顕慶五年正月のことで、席の温まるいとまもなく、三月には百済遠征軍十万の大総督に任命されました。八月、唐軍は早くも国都に迫り、百済王義慈《ぎじ》は降伏したのです。俘《とりこ》として献じられた義慈《ぎじ》を、高宗は洛陽の則天門楼で受け、彼を釈放しました。

百済はあっけなく滅亡したのです。蘇定方は引き続き、高句麗を攻めることになりました。多忙な将軍です。

白村江の戦、続いて高句麗の滅亡

百済王義慈の子の豊璋《ほうしょう》は、人質として日本（倭国）にいました。周留城《するじょう》にこもって、唐に抵抗していた百済の遺臣鬼室福信《きしつふくしん》たちは、使者を日本に派遣し、豊璋の送還と援軍を求めたのです。大化の改新によって（?）、国勢が上向きになっていた日本は、百済に救援軍を送ることに決めました。士気を高めるために、斉明《さいめい》天皇の親征となったのですが、天皇は筑紫の朝倉宮《あさくらきゅう》で世を去り、天智天皇（豊璋がモデル）の即位となったのです。

百済の遺臣団の間に内訌《ないこう》が起こり、国王に立てられた豊璋が鬼室福信を殺し、士気は低下していました。新羅と唐の連合軍は、この動揺する周留城の攻撃に向かったのです。唐の竜朔《りゅうそ》三年（六六三年）九月のことで、唐将は劉仁願《りゅうじんがん》、劉仁軌《りゅうじんき》、孫仁師《そんじんし》たちでした。

周留城は錦江《クンガン》下流の白江と呼ばれる河の沿岸にありました。援軍は海から白江にはいり、周留城に向かうことになります。唐側の記録には、「倭兵と白江口に於いて遇う。四たび戦って皆捷《か》つ。其の舟四百艘を焚《や》く。煙炎天《えんえんてん》を灼《や》き、海水、皆赤《あか》し」となっています。『日本書紀』は、これを天智天皇二年八月己酉《つちのとり》（二十八日にあたる）の日とし、白江は白村江《はくすきのえ》としています。

百済の滅亡によって、高句麗は孤立しました。百済は亡国間際になっても、内訌《ないこう》を起こしていましたが、高句麗もそのころ、泉蓋蘇文《せんがいそぶん》の息子たちが不和で、長兄の泉男生《せんだんせい》が吾が子の献誠を唐に送って救いを求めていました。

こうなれば高句麗には、もはやかつての強さはありません。それに連年飢饉で、妖異のことがしばしば起こり、人心は動揺していました。歴戦の名将李勣《りせき》が、平壌《ピョンヤン》を陥《おと》したのは、総章元年（六六八年）九月のことで、白江の戦のちょうど五年後に当たります。高句麗王の高蔵は降り、莫離支《もりち》（摂政）の泉男建《せんだんけん》（泉男生の弟）は自決しようとしたが死ねず、擒《とりこ》となったのです。

高蔵は司平大常伯《しへいだいじょうはく》という官職を与えられました。これは閣僚級ですが、その称号を受けるだけで、実務にはつかないのです。泉男生も右衛大将軍に任命されています。ただし、最後まで抵抗した泉男建は、黔中《けんちゅう》（貴州《きしゅう》）に流罪《るざい》となり、高句麗に亡命した百済王の豊璋は嶺南《れいなん》（広《カン》東《トン》）に流されました。以後、安東都護府《あんとうとごふ》が平壌に置かれ、高句麗は唐の版図に入ったのです。

（※以上、カッコ内は松重補筆。重複部分を若干省略）

唐の則天武后と仏教信仰

貞観十九年（六四五年）正月、インド留学を終えた三蔵法師玄奘《げんじょう》が、十八年ぶりに長安へ帰国したのは、高句麗遠征のため太宗が洛陽に移っていた時期であった。玄奘がインドから持ち帰ったおびただしい経典は、太宗の皇太子李治が、亡母・長孫皇后供養のために建てた大慈恩《だいじおん》寺《じ》の大雁塔《だいがんとう》に納められ、それよりこの寺が、中国・訳経《やくきょう》事業の本部になった。

さて、武則天の書は「昇仙太子碑《しょうせんたいし》」に残っている。碑文の昇仙太子信仰は道教系のものだが、武則天はむしろ仏教への信仰心が厚かったようだ。唐の皇室は李姓なので老子《ろうし》（李耼《りたん》）を先祖と称したため、宮中儀式などにおいても、道士の入場や場所が僧侶より先になっていた。いわゆる「道先仏後」であった。武則天はそれを「仏先道後」に改めさせたという。

武則天が唐を周に改め、周の皇帝となったことについては、洛陽諸寺の僧侶が積極的に支持したといわれている。妖僧薛懐義《せつかいぎ》が奔走したことに加えて、武則天の釈迦信仰が僧侶たちを動かしたのであろう。唐代の女性は他の時代に比べて体格もよく、跨《また》がって馬にも乗り、堂々としていたので、唐代の仏教史上、武則天の影響は大きかったようだ。

当時の中国は、高宗の皇后・則天武后《そくてんぶこう》（六二三年〜七〇五年）が天授元年（六九〇年）帝位に就いて、周《しゅう》（武則天が建てた新国の名前）の聖神《せいしん》皇帝を自称する「女帝独裁」の影響が海外にまで伝わっていた時代であった。

奈良朝廷の仏教信仰

そのため奈良朝廷でも、病弱（セミノール病）の聖武天皇（実は弟）に代わって光明皇后（実は姉）が実権を握り、百済王敬福《きょうふく》（大仏用の黄金を献上した陸奥守《むつのかみ》）を内裏《だいり》（代理）天皇にして政務を執らせていた。その後、光明子と敬福の間に三人の子供が生まれ、その長女（高野《こうや》姫）を第四十六代孝謙天皇（女帝）に即位させた。

以来、日本の諸国に国分寺《こくぶんじ》・国分尼《に》寺を建立する勅令が出され、各地に寺院・仏閣が建てられるようになった。さらに、架空の「聖徳太子」伝説まで信じ込まされて、時代の経過とともに倭人はすべて仏教信者となっていったのである。

このような古代史の真相は、永い間、天皇家の秘密とされてきた。それは、天皇家が実は扶余・伯族であり、オリエントの「ウガヤ王朝」→シルクロード→中国→朝鮮→対馬（高天原）を経て渡来した「亡命帰化人」だったからである。

奈良の「大仏」は、侵略大王・唐の高宗がモデル

奈良東大寺の本尊・毘盧遮那仏《びるしゃなぶつ》（約十五メートル／いわゆる奈良の大仏さん）の建造は、従来の「国史」によれば、天平十三年（七四一年）第四十五代聖武天皇が信楽宮《しがらきのみや》（滋賀県）で発《ほっ》願《がん》され、行基《ぎょうき》に大勧進《だいかんじん》を命じたためと伝えられているが、実際には唐・新羅占領軍（奈良総督府）の命令によるものであった。

当時の「日本国」という植民地行政において、国家財政を傾けるほどの大事業であった〝大

仏の鋳造〃は生易しいものではなく、聖武天皇の平城京還御《かんぎょ》によって、再び現在地に移されている。そして八度の改鋳（八回に及ぶ改修）を経て、ようやく天平勝宝《てんぴょうしょうほう》元年（七四九年）に完成された、といわれている。当時の日本の人口は約五百万人と推定されるが、そのうちの約二百六十万人の喜捨《きしゃ》（奉納金）を得て着工され、延べ人員八十万人の奴隷（倭人）を強制動員して造られたものである。

その二年後の七五一年には、金堂《こんどう》（金ぴかの大仏殿）も完成したので、翌七五二年、聖武上皇・光明皇太后・孝謙天皇以下が臨御して開眼供養会《かいげんくようえ》が営まれた。そして、新羅僧良弁《ろうべん》（華厳《けごん》宗《しゅう》の第二祖）が初代別当《べっとう》に任命され、華厳宗総本山になった。なお、別に、大華厳寺《だいけごんじ》・城大《じょうだい》寺《じ》・総国分寺《そうこくぶんじ》・金光明四天王護国之寺《こんこうみょうしてんのうごこくのてら》などの〃呼び名〃がある。

こうして東大寺は日本仏教の中心となった。

中原和人氏による検証によれば、東大寺の本尊・毘盧遮那仏は、唐の三代皇帝高宗がモデルである。唐・新羅・天皇家はそのことを承知の上で、巨大な仏像（高宗像）を鋳造させ、大勢の倭人（日本人）たちに高宗像を「釈迦像」と信じこませ、朝な夕なの読経《どきょう》とともに平伏・礼拝させていたのである。

こうしてみると、天平勝宝四年（七五二年）四月の奈良・東大寺の「大仏開眼落成供養会」は、唐・新羅占領軍および天皇家（ユダヤ王朝）のバラモン（神官・僧侶）、クシャトリア（ヤドウ族の花郎《ファラン》軍団）による「日本占領記念」式典、すなわち一大デモンストレーションであったということになる。

鑑真来日の真相

翌年の天平勝宝五年（七五三年）正月、唐の学僧鑑真《がんじん》が来日し、律宗《りっしゅう》を伝えた。
従来の『広辞苑』には「入唐僧栄叡《ようえい》らの請いにより暴風・失明などの苦難をおかして来日、東大寺に初めて戒壇を設け、聖武上皇以下に授戒。のちに戒律道場として唐招提寺《とうしょうだいじ》を建立、大和上《だいかしょう》の号を賜う。淡海三船《おうみのみふね》（大学頭《だいがくのかみ》・文章博士／七二二年～七八五年）に、その来日の顛末《てんまつ》を記した『唐大和上《だいわじょう》東征伝』がある。過海大師。唐大和上。（六八七年～七六三年）とある。

また『世界原色百科事典』および『唐招提寺縁起』によれば、「鑑真（六八八年～七六三年）は中国唐代の僧。揚州《ようしゅう》（江蘇《こうそ》省）大雲寺《だいうんじ》の人。知満禅師《ちまんぜんじ》について出家し、三蔵をきわめ、ことに戒律に精進《しょうじん》した。入唐僧栄叡《ようえい》・普照《ふしょう》らの懇請で日本に渡ることを決意したが、七四三年から七年間に五度渡海に失敗し、失明するにいたった。七五四年帰朝する遣唐使藤原清川らとともに（六度目にして）ようやく大宰府に来着し、勅願で奈良東大寺に入って戒壇を設け、聖武上皇・孝謙天皇以下四百余人に授戒（日本最初の登壇受戒）し、七五九年、新田部《にいたべ》親王（新羅王子）の旧宅に（仮の）唐招提寺を建立した」という。

だが、大仏開眼供養会の翌年にタイミングよく唐僧・鑑真が来日し、金堂の前に戒壇を設けて上皇・天皇以下を受戒させ、次いで、勅命により戒壇院が建立されたというのは、いかに何でも手回しが良すぎたのではないか。

以上を総合すると、淡海三船の撰述になる『唐大和上東征伝』の主題は、鑑真一行渡海の経緯を述べるだけでなく、文章博士淡海三船（ガド族出身）の真意は、あくまで唐・仏教界の日本への侵攻作戦、すなわち〝東征〟を語ることにあったと思われる。

日本にも、秦王国・俀国《たいこく》の時代から、貴族や僧侶の授度・授戒の儀式が全くなかったわけではない。すでに「俀国」は法王・天子が治める国であった。

しかし、鑑真の来朝で達成されたことは、中国・大乗仏教の正式な常設戒壇院の設置と、外来僧十師をそろえた授戒の儀式、ならびにその組織の確立という点にあった。

彼らの一大プロジェクトを組んでの戒律伝道の行為は、唐王朝の命令と新羅奈良朝廷の要請によるものであったとみて間違いないであろう。

そのためであろうか、国々の戒壇院（僧侶授戒の登竜門）の跡を示す「戒壇石」（碑）の遺跡が全国各地に残っている。

『東征伝』には、唐招提寺の各堂宇《どうう》の建設および諸尊の造立《ぞうりゅう》に関する具体的な記述がほとんどなく、暗《あん》にそれらが鑑真没後の弟子（唐僧）たちの努力によることを示唆《しさ》している。このような事実もまた、筆者の推論を裏付けるものであろう。

最近、ＮＨＫのテレビ放送でも、さかんに東大寺金堂建設のナゾや唐招提寺建設のナゾを取り上げている。番組は寺社建築の専門家（宮大工《みやだいく》）・鋳物師《いもじ》・鍛冶師《かじし》・建具師《たてぐし》・仏像師《ぶつぞうし》および文化財修復師などの苦心談や、大学研究者の解説などが加わるハイビジョンの鮮明な映像で構成されている。そのため視聴者にとっては、なかなか楽しい番組となっているのだが、本稿のような新「鹿島史学」の史観で解釈しないと、いつまでたっても「飛鳥・奈良時代」についての正しい報道番組とはならないであろう。

白村江の戦が起こった

六六三年（天智二年）八月末、白村江（牙山湾《あさん》・白江）の戦が起こり、わが軍（倭国・秦王国・荒吐五王国／三国の連合水軍）三万人が、唐（四十万人）・新羅（五万人）の連合軍に敗北した。その結果、日本の三大勢力圏はすべて唐・新羅連合軍に占領され、倭人の国々は中国人および朝鮮人の植民地にされたのである。

『紀』をよく読めば、倭国の降伏使節が唐へ送られたことも書いてあるのに、従来のアカデミズムはすべてを無視して真実を教えていない。検証によれば、六六四年五月、唐の鎮将・劉仁軌が率いる四千人、および新羅の鎮将・金庾信が率いる四千人（合計八千人）の占領軍が倭国（九州）へ侵入している。彼らは大宰府に筑紫都督府（石碑が現存）を構え、日本列島への占領軍政を開始した。こうして、秦王国の近畿地方にも新羅軍（多武峰の花郎軍団）が進出した。

六六八年、唐・新羅連合軍は漢城（平壌《ピョンヤン》）を陥し、高句麗を滅亡させた。こうして唐は隋朝以来の念願を果たしたのである。ところが、六七〇年六月、唐軍と高句麗復興軍が再び衝突したのを機に新羅は朝鮮半島全体の征服をもくろむ唐と対立するようになり、両軍の間に戦が起こった。それは六年間続いたが、その間、新羅は高安勝を高句麗王とし、金馬渚《きんばしょう》（現在の全羅北道益山郡金馬面）にその王都を置いて戦っている。

六七二年、新羅は唐との協定を破り、百済の熊津《ゆうしん》（公州《コンジュ》）都督府を陥落させた。その結果、百済の王侯・武士・軍属ら四万人が雪崩を打って倭国（九州）へ亡命した（百済熊津城〔公州松山城〕における〝朝鮮の「壬申の乱」〟といわれている）。

もう一つの「壬申の乱」

六七二年六月、新羅占領軍に対する秦王国の戦、すなわち〝近江の「壬申の乱」〟が起こった。『紀』はこれを「弘文元年六月、壬申の乱が起こった。大海人皇子、大友皇子（弘文天皇二十五歳）を近江に滅ぼす。翌天武元年二月、大海人皇子、飛鳥浄御原宮に即位して天武天皇となる」と記している。

だがその実態は、秦王国における「壬申の乱」のことであった。

この乱の首謀者大友皇子（弘文天皇）は、『紀』によって百済王豊璋（天智天皇のモデル）の子とされているが、実は東漢氏《やまとのあやし》（レビ族）出身の秦王国最期の天子である。

この天子の指揮を受けた秦王国軍は、侵入してきた新羅軍（源花・郭務悰《かくむそう》が率いる花郎《かろう》軍団）と一カ月間も勇敢に戦った。このとき、大王家に忠誠心が強かった蘇我氏の一族は、この王と最期まで運命を共にしたが、秦氏およびシメオン族らの諸部族が、花郎たちの統率力を見て、この戦の無意味さを悟り、一斉に寝返って新羅軍に降服したため、王家の軍は孤立して総崩れとなったのである。これより以降、秦王国の豪族たちは新羅側の軍政に協力していくようになった。鹿島昇が著書の中で「秦王国は新羅に協力した」と述べている理由《わけ》がこれである。

そのため、機織部の秦氏（およびダン族の）のグループは敗北し、雪崩を打って秦王国の分国地・関東地方へ逃亡した。やがて彼らは、鹿島神宮や静神社の機織部領域付近、蘇我、行徳および秦野付近などに散居して逼塞《ひっそく》したのである。

ところが、従来の「国史」はこの経緯を、時代をずらして「入鹿殺し」事件とし、秦王に忠誠であった蘇我氏一族が滅んだように修史した。さらに、この秦王国の滅亡を、時期をさかのぼらせて皇極天皇の御世（六四二年〜六四五年）の出来事とし、中大兄皇子と中臣鎌足を登場させるという架空の「大化改新」劇を〝デッチアゲタ〟のである。しかもそれは占領軍新羅（本国）の歴史にあった政治改革劇＝「吡曇《ひどん》の乱」の丸写しであり、すべてはその〝モノマネ〟の歴史であった。

新羅総督府の樹立

六七三年（天武元年）二月、飛鳥浄御原に「新羅総督府」が樹立された。その後、新羅の王子たちがブレーンを引き連れて、次々にこの「奈良総督府」へ進駐入府した。

このように、新羅文武王（金法敏こと天武天皇のモデル）の王子たちが奈良盆地へ進駐して日本総督となり、日本の天皇として即位したことを、『紀』は修史して「大海人皇子（海の彼方からやって来た天武天皇）が飛鳥浄御原に即位した」とか、「天武二年、対馬初めて白銀を献ずる」などと記したのであろう（三省堂『日本史年表』）。

「壬申の乱」があったことは史実であるが、それはあくまで秦王国の事件であって、倭国（九州王国）、いわゆる「大和朝廷」の歴史ではない。

『万葉集』の編集と、菅原道真の〝編修〟

いわゆる「大和朝廷」の歴史が『万葉集』などで随分華々しく語られているが、それは『紀』を改ざんするために協力させられた柿本人麻呂らのフィクションではないかと考えられる。例えば、天智天皇（金春秋がモデル）と天武天皇（その子・金法敏がモデル）の二人（父子）が愛したという額田王《ぬかだのおおきみ》（公孫氏系・卑弥呼の血を引く女王）は、実は阿毎多利思北弧《あめたりしほこ》の俀《たい》国軍を破った倭国・九州女王のことであった。この事件は隋の時代（五八九年〜六一八年）に起こっており、万葉集が詠まれた時代（唐の時代）とは全く関係ないのである。

柿本人麻呂の一家は歌曲を伝承する家柄で、高市皇子《たけちのみこ》・草壁皇子《くさかべおうじ》・刑部皇子《おさかべおうじ》（いずれも新羅王子）らの日本総督府に仕え、儀式歌などをつくる藤原宮や平城京の宮廷歌人であったから、彼らにとっては当然の「歌づくり」であったといわねばなるまい。

これについて、短歌同人誌『火の群れ社』（品川区）編集・発行人穂積生萩《ほづみなまはぎ》女史は、同誌71号（一九九九年二月版）の中で、「睦月の歌」と題し次のようなエッセーを載せている。

大伴家持《おおとものやかもち》は万葉集の編集者として有能で、また沢山《たくさん》の作品も残している。この人の編集方法、意図について、迢空《ちょうくう》（真の「民俗学」の創始者）折口信夫《しのぶ》は折にふれて言及する。

折口は日本書紀を「正史」と認めない人であったから、真実の日本の古代を隠している万葉集を大切にした。それは編者大伴家持が衰退していく大伴氏の一人であり、家持がいかに奮闘しても「すでに天下は大伴氏のものではなかった」（『万葉集辞典』）という折口好みの人であったからかもしれない。

☆　　☆

家持は歴史の表舞台の上で何度か「謀反」「事件」等に連座した人で、死亡した時は「罪人」であった。天智天皇系と天武天皇系の争いが何代となく続き、家持は大浪の中の小舟であった。

家持（七一六年〜七八五年／「広辞苑」）は、七三八年（天平十年）二十二歳の時、当時飛ぶ鳥を落とす勢力のあった藤原仲麻呂（恵美押勝）を除こうと起ち上がった橘奈良麿の乱にもかかわって失敗している。（中略）

七八二年には、氷上川継《ひがみのかわつぐ》の乱に連座して解任され京外に移された。当時光仁天皇は東国のエミシを討たんとして敗北し、死亡して、次の代の桓武天皇に皇位が移っていた。桓武は猜疑心の強い人で、しかも自分の母は百済の亡民であったため、天武帝血すじの川継に劣等感と危険を感じて、「謀反」をでっち上げて退けた。その時も家持は連座している。

また、桓武は実弟（実は従弟／筆者註）の早良《さわら》を皇太子に据えていたが、実子が生まれたので早良を除きたくなった。早良の東宮大夫《とうぐうだいぶ》が大伴家持であった。ときに桓武の権臣藤原種継が暗殺された。すると家持は忽ちまた罪人にされた。家持は事件の二十五日前、すでに死亡していたが、主犯として罪人にされた。が、のちに赦された。（中略）

こんな気質の家持がつくった万葉集には、当時言ってはならない事があちこちにひょいひょいと形を変えて出てくるのである（以下略）。

☆　☆

大伴家持が編集した「万葉集」は、家持死亡（七八五年）の後、蔵人頭《くろうどかしら》・菅原道真に渡される（八九四年）までの百九年間、どこに保管されていたのであろうか。

九〇一年（延喜元年）正月、突然、菅原道真は大宰権帥《だざいごんのそち》に左遷された。そのとき以来、失意の道真は大宰府の配所において、万葉集の再編修（編集ではない）に努めたといわれている。だが、それはどのような作業だったのであろうか。

菅原道真は土師《はじ》氏（シメオン族）の出身である。かつての倭国（大伴氏の本国）の首都・博多の大宰府へ左遷された道真の胸中には、このとき、漢王室によって宦官《かんがん》にされ偽の中国史である『史記』づくりを強制された同族（シメオン族）の先輩・司馬遷の故事が頭をよぎったのであろう。されば、後輩の自分も運命に負けてはおれないと思い直して、南朝系天皇家から命ぜられた「記紀」の改ざん作業に、自虐的な微笑を浮かべながら積極的に関与していったと考えるのは筆者の思い過ごしであろうか。

思えば「記紀」の天孫降臨物語も、ニギハヤヒノミコト（ユダヤ民族）の「天神本紀」から始まっているし、道真も学問の神「天神様」と仰がれ、大宰府も「梅の名所」として盛んである。このように考察して道真の修史作業を検証すれば、悲運の儒家・菅原道真公ももって瞑すべきとすべきではなかろうか。

新羅王を天皇にした「万世一系」の虚構

六六三年の白村江の戦勝、六六八年の高句麗打倒、六七五年の唐に対する買肖城の戦勝などによって、「統一新羅」は日本列島の経営を自由にできるようになった。かくて新羅は、九州に残った倭国（安羅・邪馬壱国）の再興を許さないことに決めた。しかし、あえて事を荒立てることもないから、唐には秘密にして、六七二年六月〜七月の近江壬申の乱以後友好的となった秦王国（俀国）によって九州の倭国（邪馬壱国）を統治すべく、秦王国の大和（飛鳥浄御原→藤原京）に新羅王族を日本総督として着任させ、倭国には大宰府（筑紫都督府）を置いて安羅王族の多治比嶋らに行政を委任した。

これが「国史」のいう天武王朝の実体であって、「記紀」の記す天武天皇とは、新羅本国の文武王《ぶんぶ》（金法敏）のことだから、この天皇は日本に来たことはないのである。

そして、秦王国の諸豪族と協議の上、総督となった新羅王族の歴代天皇が永久に日本列島を支配できるようにとの願いを込めて、本当の「旧日本国史」を抹殺して、朝鮮史をモデルにした歴史である「記紀」中心の「国史」を編さんしたのである。
これが天皇家の、いわゆる「万世一系」の歴史となった。

舎人親王撰上の『日本紀』

七二〇年（養老四年）五月、平城京において、舎人《とねり》親王らが『日本紀《にほんぎ》』を撰上した。

この『日本紀』においては、金官加羅（伽耶）の初期の諸王をもって天皇として、孝昭→孝安→孝霊→孝元→開化という名称を与え、さらに、新羅の武烈王（金春秋）と文武王（春秋の子・法敏）を天智と天武にして、舎人親王版『日本紀』を編さんした。

このようにして、歴史書の中では統一新羅以降、新羅王をもって創造した国家＝日本の「天皇」としたのであるが、このときは、天皇が「天《あま》（海の彼方・朝鮮）の大王《おおきみ》」、倭大王が「倭地の王」という考えで、臣下たちも一応納得したのであろう。

「記紀」の原型が新羅王を天皇にしていたことは、注意して読めば分かるのである。『紀』「欽明紀」十三年の条に「五月八日、天皇の詔《みことのり》に曰く『いま百済王、安羅王、加羅王、日本府の臣たちが共に使いを派遣して奏上したことは聴き終えた』」とある。

さて、このときの天皇は誰だったのか。安羅と加羅は九州の倭国の代表であり、それに伊国（伊勢国・秦王国）の日本府と百済までが遣使したとなると、遣使を受けるべき国は新興大国・新羅以外にはなかったのである。

すなわち、白村江の戦後、天武修史の時点では新羅王が天皇だったのである。

法王・道鏡による「記紀」の改ざん

「記紀」の欽明天皇のモデルは百済の東城王《とうせいおう》であるが、天武修史（いわゆる舎人親王版作成）の『日本紀』には天皇として歴代の新羅王が書かれていた。それがのち（八世紀中期）に、百済王家の子孫の道鏡によって〝百済王を天皇とする〟「記紀」に書き替えられた。しかも、この改ざんには時間が足りなかったため、史書の内容をそのままにして、天皇の名前だけ書き替えるという〝急ぎ働き〟であった。道鏡が百済王の子孫として皇位を奪うには、それだけで十分だったからである。

その際、公孫氏の子孫である安羅王族の大伴氏の協力を得るため、「神武紀」に、大物主命（イッサカル族）の神話を加えたうえ、本当は武烈天皇（暴虐な天皇というのは後世の作為）を殺してクーデターによって倭国の政権を奪った安羅王の一族、大伴談→大伴金村→大伴歌を、継体→安閑→宣化という三代の天皇に仕立てた。

だから、「記紀」は歴史の書ではなく、天武王朝では新羅王家の者だけ、道鏡以後は百済王家の者＝朝鮮の帰化人だけが天皇になるための一種の詐術だったのである。

〝墨染めの衣〟を着た「花郎軍団」

大乗仏教の伝来

前二年、仏教が、大月氏国（サンスクリット語、すなわち〝完成された〟インド・ヨーロッパ語族の文化圏）から漢（前漢末）に伝わる。

『後漢書』永平八年（六五年）の項「桓帝紀」には、「前史に称す。桓帝、音楽を好み、琴笙《きんしょう》を善《よ》くす。芳林を飾り、濯竜《たくりゅう》の宮を考《つく》り、華蓋《かがい》を設けてもって浮図《ふと》（仏《ほとけ》）老子《ろうし》を祀る」とある。

ちなみに、老子は中国・春秋時代の思想家、道家の祖。『史記』によれば、周（アッシリアの分国）の図書室書記官から亡命し、函谷関《かんこくかん》（長安～洛陽間の黄河沿いの関所）に至ったとき、関守に「老子道徳教」を授け、のち河南省を経てインドに向かった。その思想は前六世紀の釈迦や仏教の興隆に影響を与え、戦国時代の「孔子・孟子」以後の編さんに成る『現行本』は、すでに「前漢」はじめ頃には成立していたという。

三五三年、敦煌《とんこう》千仏洞が建設され、三七一年には秦王符堅《ふけん》の使者および僧順道が高句麗に来ているが、これが仏教伝来のはじめである。そして三八四年に、胡僧・摩羅難陁《まらなんだ》が晋から百済に来ている。こちらが百済仏法のはじめになる。

四二七年、高句麗、平壌《ピョンヤン》に都を遷し、五二八年、新羅、初めて仏法を行う。五三八年、百済は日本（倭国および俀国《たい》）に仏教を伝え、五四一年に百済は、梁《りょう》に対して仏典・儒学者・医者・

工匠・画師などを求めている。

このようにして伝来された三国時代の朝鮮仏教は、仏教本来の仏陀《ぶつだ》・釈迦牟尼《しゃかむに》信仰に加えて、王族一家の繁栄を願う「護国仏教」というべきものであった。

六〇六年以降、インドから渡来したクシャトリアの花郎軍団三千人が新羅の傭兵となって活躍し、六七七年、ついに統一新羅が誕生した。だが、このような背景の中で、彼らは、固有の「ギーター信仰」（封建的な忠誠心を強調する思想）に加えて仏教色が濃厚となり、やがて神仏混交の「八幡神《やはたのかみ》」を信奉する〝墨染めの衣〟を纏った巫僧《ふそう》集団となった。

これについて中野幡能《はたよし》氏は『六郷満山の史的研究』および『八幡信仰』（塙書房）などの著作において、次のように述べている。

☆　☆

宇佐八幡宮の「八幡神」

宇佐八幡宮は「記紀」に出てくる宇佐津彦・宇佐津媛の古社でありながら、「神社誌」に宇佐神は見えず八幡神が顕われて、誉田別尊《ほむたわけのみこと》（応神天皇）・息長帯姫尊《おきながたらしひめのみこと》（神功皇后《じんぐう》）・比売大神《ひめがみ》を祭神としている。いうなれば我国最初の人神を祀る神社として登場する、いわゆる「廟《びょう》の神社」である。それは日本の中では他に見られない珍しい神社である、としてよかろう。ここに成長したのが神仏混交の八幡《やはた》信仰であった。

八幡宮の祭神が応神天皇であるという史料の初見としては『住吉大社神代記』の記事が見える。だが、神祇官《じんぎ》・大神氏《おおみわし》側の伝承では、鷹居社建立《たかいしゃこんりゅう》を出発点とし、小椋山《おぐら》（現社殿）を最終点として終わっている。次いで、天平三年（七三一年）比売神（玉依姫または比咩大神《ひめ》）を併せ祀って、官幣社となった年を記録している（弘仁十一年〔八二〇年〕格式官符）。

一方『承和縁起《じょうわ》』所収の禰宜《ねぎ》・辛嶋氏《からしまし》側の伝えによると、鷹居社から小山田社への移り、養老四年（七二〇年）の隼人征伐があって、神亀二年（七二五年）の小椋山に大神宮建立および日足林に弥勒禅院を造ったことまで記録している。すなわち、辛嶋氏側の主張するところは、仏教との関係、大神氏以前からの伝統など、多少とも宇佐氏時代（前代・国造《くにのみやつこ》時代）の面影の一端を記していることに注目しなくてはならない。

この辛嶋氏の伝承からすると、ヤハタ神の小山田社への移座は天智天皇（六六二年〜六七一年）の御世となっている。されば小山田社遷宮は、鷹居社建立の崇峻五年（五九二年）から七十年ばかり経たことになり、小椋山に遷る神亀二年（七二五年）までは五十一年ばかりになる。

しかしこの間、大和朝廷の「国史」によれば、「国際的には百済、任那をめぐり新羅との間で交渉が重ねられた。六〇七年には遣唐使が立てられ、六二二年には聖徳太子が薨《ほう》じ、さらに六二六年には蘇我馬子が死んだ。六四五年には蘇我氏が滅ぼされ、翌年には大化改新の詔が出された。こうして新しい制度が始まるが、新羅は唐と結んで再び百済を攻めようとする。そのため天智天皇は百済に出兵するが、天智二年（六六三年）白村江で敗れ、西海防衛のため防人を置き、築城が行われた」という。

ちょうどこのような時期に、ヤハタ神は小山田社に移ったというのである。このような移座伝承はその外にもあるが、辛嶋家伝を採るのがまず無難であろう。

それはほぼ一世紀近くヤハタ神の本拠と思しき鷹居社（巫僧集団の根本堂）を祀ったことにある。その間、大和（奈良）でも変化があったが、宇佐氏の没落後、宇佐国衆庶の崇敬を得ていた馬城峰の麓社・小山田に移ったということは、宇佐氏の支配権を完全に掌握したからではなかろうか。と同時に、ヤハタ神（護国神）としての応神天皇を祀ることにした、と見るべきであろう。

そして小山田社の時代に、辛嶋氏の本貫（本拠地）である辛嶋郷内に、一つは法鏡寺、一つは二キロを隔てた宇佐川の中流に虚空蔵寺が建立され、さらにその西方四キロを隔てて神奈備《かんなび》山の稲積山・大日山の麓に、小倉池廃寺（もと久全寺）が建立されている。しかも、これら寺院の屋根瓦は百済からの亡命者の手に成るものと伝えられている。

こうして朝廷は豊国法師以来の民間巫僧集団を、新しい「白鳳仏教」の組織に組み入れる努力をしたあとが見られる。

（※以上、カッコ内は松重補筆）

中野氏は大和朝廷実在説に則《のっと》って、回りくどく諄々《じゅんじゅん》と述べているが、彼が言う「大和朝廷」とは日本に侵入して占領軍となった「新羅・奈良朝廷」のことであり、「豎術《ふじゅつ》」を用いる僧兵集団とは〝墨染めの衣〟をまとった花郎軍団のことであった。

白村江の戦後、倭国に侵入した唐・新羅占領軍のうち、大宰府の筑紫都督府を守るべき花郎軍団は、宇佐大神宮の僧兵集団となって駐屯していた。すなわち、約一世紀の間、鷹居社はヤハタ神の本拠と思しき「巫僧集団」の根本堂となっていたのである。

応神天皇を大菩薩神とする「弥勒信仰《みろく》」を表すため、〝墨染めの衣〟をまとった僧兵たちは、新羅占領軍としていったん北九州に入り、次に大宰府から奈良盆地へ移って「大三輪神」となった。その後、再び宇佐八幡宮に還御して大神氏となったのであろう。さすれば大神氏と書いて「おおみわ氏」と読む理由《わけ》がよく理解できるのである。

辛嶋勝乙目《からしまのすぐりおとめ》の系統は「大菩薩神」を宇佐に迎え、鷹居社で合同し、養老年間の「放生会《ほうじょうえ》」を起こし、小椋《おぐら》山の宮殿が出来たというのである。大菩薩神は辛嶋勝が大和（奈良）より迎えて、鷹居社で共同祭祀を完成したというのが辛嶋氏の家伝であった。しかし、放生会に関する記事は「大神清麻呂解状」には見られない。

このように、大神氏家伝と辛嶋氏家伝には違いがある。

『紀』神功皇后前紀、および『筑前風土記』逸文などには、大三輪神を、皇后が筑前国夜須《やす》郡（朝倉郡夜須町）に迎えたとある。また、大宝二年（七〇二年）の戸籍にも大神部が見える。すると、応神信仰を宇佐に入れたのは、やはり大神氏の勢力だったことになる。このような大宰府の筑紫都督府＝「新羅軍政」説は九州地方でも早くからささやかれていたことが、中野氏の『八幡信仰』からも読みとれるのである。

豊前国の法蓮法師

『続日本紀《しょくにほんぎ》』大宝三年（七〇三年）九月二十五日の条に、「施僧法蓮《ほうれん》豊前国野冊町（四十町歩）、褒豎術也（豎術《ふじゅつ》を褒《ほ》む也《なり》＝「豎術を能くす」の意）」とある。この一文は極めて重要である。

当時の医術については、典薬寮の職員構成に全容が見えるが、医事と呪術師（シャーマン）が中心であり、医術の技術者は六世紀頃から、朝鮮・大陸から招いていた。法連はまさに出家・沙門法蓮であるが、「豎術」に詳しいのであって、「医術」ではない。ここに豊国（豊前・豊後）宗教の実態（特色）があった。

また、「正史」には見えないが、法蓮と英彦山《ひこさん》との問題がある。英彦山が最初から仏教の山であったかも疑問が多く、この霊山と法蓮の関係も古くから取り沙汰されている。

ここに、法蓮に関連したもう一つの話がある。

養老四年（七二〇年）三月、奈良朝廷の律令制施行を不満とする大隈、日向の隼人族が叛乱を起こし、これを鎮圧するため、大宰府帥《そち》・大伴旅人が出陣した。このとき参戦したのは、旧来の宇佐宮神職団ではなく、鷹居社近くの法鏡寺・虚空蔵寺に駐屯していた巫僧たちであり、法蓮はこれらの「花郎軍団」を率いて従軍している。

やがて凱旋した法蓮は、「隼人討伐」の功により奈良朝廷より未墾地四十町歩をもらい、翌五年には三等親以上に「宇佐君姓」を賜った。のちに、法蓮とその一党は広い三角池を築造して大貞という平野を下毛郡に開発し、これに成功した。その過程で辛嶋氏とも手を結び、財を蓄えると、平安時代には宇佐八幡宮の大宮司にまでなっている。

大宮司はシャーマンであり、シャーマンは神とともにあるので「大御神《おおみかみ》」といわれたり大菩薩といわれたりする。したがって、「大御神」の到来は大神比義の入部になる。このように考察すれば、応神信仰（大菩薩を祀る弥勒信仰）は大和（奈良・新羅朝廷）の権力によって入ったものであるとみて間違いないであろう。

八幡大菩薩神

大菩薩号について

神祇《じんぎ》で大菩薩の称号を持っているのは伊勢国・多度神社の多度大菩薩が最も古く、次いで能登国・気多《けた》神社の気多不思議大菩薩とか、紀伊国・熊野本宮の証誠大菩薩などがある。

そもそも、この小乗仏教の菩薩の修行には五十二位があり、これを終えると仏《ほとけ》に成仏する。その四十一位から第五十位までを十地といい、第八地の不動地以上の「不退位」に入った者を大菩薩といっている。不退位の菩薩は悟りや功徳《くどく》を失わない菩薩だといわれるが、八幡の菩薩号にはこの不退位の大菩薩を奉っている。

また、大乗仏教の八幡大菩薩で重要なことは「神像」の問題である。その神像の姿は、僧《そう》形《ぎょう》、すなわち沙門形《しゃもんぎょう》・比丘形《びくぎょう》をしていて、頭は青く剃った円頂である。身体には袈裟《けさ》をつけ、手に錫杖《しゃくじょう》を持っている。普通の菩薩形《ぼさつぎょう》は頭は垂髪《たれがみ》、天冠をいただき、天衣をまとっているが、八幡像はこれらと全く違って地蔵菩薩と同じ姿をしている。つまり、八幡大菩薩は地蔵菩薩と同じ本願をもっている「お方」という意味である。

地蔵菩薩は、衆生が悉く成仏しなければ仏《ほとけ》にならぬという誓願を持っておられる。すなわち、すべての人を成仏させた後に成仏するという思想を持っているのが地蔵菩薩である。八幡神が地蔵菩薩と同じ姿をしているのは、地蔵と同様に苦しんでいる衆生を済度するのが本願である、ということ。つまり、大悲闡提《せんてい》の菩薩として成仏を望まず、欲が深く、熾盛《しせい》な菩薩であり、最も得難い救い主であるということである。これが八幡信仰（衆生救済仏教）の真髄であった。その生身の本尊として、天智四年（六六四年）小椋山《おぐら》に降臨された救世主（応神天皇）の精霊を祭神として祀ったということであろう。

大帯姫廟神社の出現

八幡神が応神天皇の「神霊」となったのは、白村江以後の奈良時代からであるが、弘仁十二年（八二一年）嵯峨天皇の官符＝「件《くだんの》大菩薩、是亦《これまた》、太上天皇霊也《だじょうてんのうのれいなり》」という託宣によって、いよいよ明確になった（『東大寺要録4』）。しかし、祭神が大菩薩という新しい神格で出現すると、比咩神《ひめがみ》（玉依姫の神霊）も、辛嶋氏や宇佐氏の祖神的な性格をはっきりと打ち出してきた。こうなれば八幡宮ではなく、八幡大菩薩であり、そこには宇佐氏の勢威が著しく強くなったことがありありと見られる。のみならず、八幡大菩薩になることによって、神宮と神宮寺の関係が極めて接近してくるのである。

かくて応神八幡神を固持しつづけた大神氏は、これに対抗する必要が生じてきた。すなわち、大神氏の八幡神を誇示するためには、応神天皇の母后・神功皇后（実は八須夫人）を併祀することだとしたようである。これが弘仁十一年（八二〇年）の託宣となり、さらには、弘仁十四年（八二三年）四月十一日の官符によって大帯姫廟《おおたらしひめびょう》神社の鎮座となった。

これについて、『聖母大菩薩縁起』には香椎《かしい》大明神・大帯姫《おおたらしひめ》（神功皇后《じんぐうこうごう》）と見えるので、八幡宮三殿の『延喜式』にみる大帯姫廟神社と香椎宮（新羅と博多を結ぶ海上交易の要衝）は、当時、宗教的にも密接につながっていたことがよく分かるのである。

ちなみに、人皇十四代仲哀《ちゅうあい》天皇（四〇五年〜四一〇年）を祀る忌宮《いみのみや》神社（下関市長府）には神功皇后（八須夫人）由縁《ゆかり》の逆松《さかさまつ》および蚕種《かいこたね》渡来の碑が現存し、香椎宮の八須夫人《やすふじん》が足《たらし》仲彦尊《なかつひこのみこと》（仲哀・倭国王）を援けて、新羅側と執拗な外交折衝を行っていた頃の史跡を残している。すなわち、いわゆる神功皇后の「朝鮮出兵」はなく、外交交渉を行ったというのが史実である。

なお、このあと倭王・応神天皇（久爾辛／四二〇〜四二七年）が即位するが、実は久爾辛《くにしん》は馬韓の卑弥国《ひみこく》王・竹内宿祢の子であった。このように、五世紀から七世紀にかけての「倭国史」は朝鮮と九州にあった倭人系諸国の歴史を合成して作られており、それは白村江以後日本に渡来した新羅系僧侶の作成による「フィクションの歴史」であった。

八幡神（大菩薩神）は源氏の守護神となった

三世紀初頭、神武勢力によって東表国が滅ぼされたのち、宇佐八幡宮の神霊は周防徳山（周南市）に遷されて、旧石清水《いわしみず》八幡宮（遠石《といし》八幡宮／遠《とお》つ石清水《いわしみず》の社《やしろ》）となっていた。が、さらに貞観《じょうがん》元年（八五九年）山城国男山に遷座して今日の石清水八幡宮となった。

石清水八幡宮の「放生会」

養老四年（七二九年）に創始されたという「放生会《ほうじょうえ》」が男山宮に伝わり、毎年八月十五日に、川辺で施餓鬼《せがき》法を行い、魚鳥を放ち、天皇・将軍の幸福・天下泰平を祈願していた。

現在は、石清水祭りの行事として毎年九月十五日に行われ、京都の賀茂祭・春日祭とともに（旧）三大「勅祭」の一つとなっている。

鶴岡八幡宮への遷社

康平六年（一〇六三年）、摂津・河内国にいた花郎（奈良朝廷の傭兵となっていた新羅花郎軍団）の残党・源《みなもとのよりよし》頼義らは東国への亡命を図り、八幡宮の神霊を奉じ、これを鎌倉由比ヶ浜に遷して鶴岡八幡宮を建てた。

この花郎たちは、平安時代には百済王《くだらのこにしき》たちの貴族に仕える家事奴隷（荘園管理者）となって隠忍していたが、やがて関東武士（源氏）となって復活するようになった。そのあと、建久元年（一一九一年）源花（頭領）源頼朝に率いられて決起し、平清盛らのいわゆる「平家」を滅ぼして鎌倉幕府を創設し、武家政治の時代を到来させた。

こうして、全国の大菩薩神を祀る八幡宮は、武士たち（渡来族・クシャトリア）の守護神となって今日に及んでいる。

もう一つの「壬申の乱」最中の、古代南北朝の「和睦」

本書は、今まで謎とされてきた「ウガヤ王朝」の歴史、いうなれば「日本ユダヤ王朝」渡来の歴史を、日本列島への「天孫降臨」として捉え、その真実を解明してきた。

その歴史は、秦始皇帝の「焚書坑儒」事件に始まったユダヤ人同士の「古代南北朝」の争いであり、シメオン族とガド族の凄絶な戦い、怨念のこもる執拗な争いの歴史でもあった。それがなぜ、いきなり奈良時代になってシメオン族々長・不比等と、ガド族の姫君・宮子の結婚という形で、両者の和睦が成立したのであろうか。

六七二年（弘文元年）六月、もう一つの「壬申の乱」が起こったが、この秦王国（俀国）の叛乱を鎮圧したのは新羅占領軍司令官郭務悰（レビ族大伴氏・藤原鎌足のモデル）が率いる花郎軍団（クシャトリア）であった。彼らは〝墨染めの衣〞を着た巫僧集団でもあり、郭務悰もユダヤ人だったから、当初から妥協による和睦を図ろうと執拗に工作していた。その成果が実り、秦王国＝「日本ユダヤ王朝」存亡の危機に際し、藤原鎌足（郭務悰）の仲介でシメオン族とガド族間の長年にわたる〝確執〟も解けて、古代南北朝の争いを中止し、共に新羅軍政に協力することになったと思われる。

こうして藤原不比等（不比等は中臣氏ではなく、シメオン族系）と巨勢氏《こせし》の宮子姫（ガド族）の結婚式が、藤原鎌足（郭務悰）の仲人で行われ、やがて三男二女（表向きには二男房前《ふささき》を加えた四男二女）をもうけていった。

「国史」は、藤原氏の偽系図作りのため、大織冠《たいしょっかん》藤原鎌足の系譜に和珥《わに》氏の壱岐史韓国《いきのふひとからくに》なる人物を介在させて、藤原姓を名乗るようになった不比等が、六九四年（持統八年）十二月に、藤原宮へ昇殿した、と記している。だが、実質的にはシメオン族々長として、早くから新羅軍政に協力する仕事を担当していたと思われる。

藤原鎌足（レビ族）による「日本統一」政権の誕生

前二一三年、秦始皇帝の「焚書坑儒」事件に始まったユダヤ人同士の「古代南北朝」の争いは、約九百年ぶりに和解することとなった。

碧眼ワシ鼻のシメオン族は、アレキサンダー大王東征のとき従軍して、バクトリア（アフガニスタン周辺のクニ）を建国し、一世紀後、その知事ディオドトス（中国名・秦王政）が中国を統一して秦帝国を建て、自らは始皇帝となった。秦滅亡後、その遺民は遼東へ逃れ奇子朝鮮に合流していたが、各部族が朝鮮半島経由で倭国（東表国・狗邪韓国）に渡来し、前七四年、博多と吉野ヶ里の地に秦人たちのクニを建てた。

これを伝え聞いた南越（旧広西省）蒼梧郡の秦王が率いる苗《ミヤオ》族・猺《やお》族（新しい弥生農民）たちも合流して、弥生時代最大の環濠集落を持つ「委奴国」となり、秦始皇帝の末裔・大国主命（シメオン族々長）をその王に推戴した。

ところが、一四七年、後漢の圧迫を受けた高句麗（首都・卒本）が、委奴国および東表国を攻撃したため「倭の大乱」が起こった。

一六三年、その仕返しに東表国エビス王は委奴国大国主命と連合して、高句麗と同盟していた猿田彦命の旧伊勢国（鉄鐸・銅鐸文化のクニ）を攻撃し、ガド族らの太陽神殿を破壊して、古墳内の超大型青銅鏡を悉く破砕した。神聖な祭壇を壊され、国を奪われた猿田彦命らは二手に分かれて亡命移動していくが、こうして始まった日本における「古代南北朝」の戦いは、北九州、出雲、瀬戸内海、河内、熊野、奈良盆地と展開され、ついには伊勢にまで及んでいる。

このような、世界史にも珍しい執拗なユダヤ人同士の「古代南北朝」の戦いを終らせ、「日本統一政権」を誕生させたのは、もともと同じ北朝系であった（祭祀族の）レビ族だったという次第である。

レビ族（北朝系）の活躍

レビ族は目が茶色で、祭祀部族の杖刀人《じょうとうじん》（刀を杖のように用いていた士師族《しし》）である。日本では陰陽師《おんみょうじ》や武士となり、薩摩隼人、白丁隼人またはマガタンシ集団（幕末には菊池氏出身の西郷隆盛が首領であった）ともいわれている。鹿児島（大隈・薩摩）の伊集院家・島津家や、熊本（人吉盆地の相良郡および熊本城の人々）の物部氏の流れである。

彼らは早くから高句麗経由で渡来した一族で、中でも東漢氏《やまとのあやし》は秦王国の王族となった。その俀《たい》国天子阿毎多利思北弧《あめたりしほこ》の子孫が、上代→中世→近世→近代の長い歴史を経て、現在は中川宮（久邇宮）→三笠宮（崇仁殿下）→平成天皇の系統になっている。

現在、イスラエルにも大勢住んでいる。

島津家の紋章は丸に十の十字紋だが、これは紛れもなくユダヤのマークである。少し前に島津家の祭事が執行されたが、そこにイスラエルの大使館から正式の祝いの使者が参加した、といわれている。島津家がイスラエル由縁の人々であることを、イスラエル政府はよく知っているのである。

三笠宮はヘブライ語を大変流ちょうに話されるとのことであるが、三笠宮は島津家の由来をよくご存知のようだ。伊勢神宮の神鏡の裏にヘブライ語の文字が書かれてあるのも、三笠宮には報告されているという。ただし、その事実をはっきり公表できないため、真偽のほどはうやむやにされているようだ。

ちなみに、島津、伊集院、細井、中村、中島、中嶋、伊地知、小柳、宮田、後藤、大和田、中川という姓は、このレビ族（物部氏）の系統といえる。

空海は唐に渡って真言密教を授かったのだが、そのとき、キリスト教ネストリウス派の教義を受けて「聖書」を取得していたといわれている。空海の「月輪観《がちりんかん》」とは月神エホバ（ホバール＝バアル）のことであり、「阿字観《あじかん》」とはバアルのことである。つまり、キリスト教は仏教の仮面をつけて、すでに平安時代の日本に入っていた。だから、聖徳太子の「馬小屋説話」は、桓武天皇の「焚書」ののちに「記紀」が改ざんされる過程において誕生した可能性が推定されるのである。

不比等と宮子の結婚により「藤原氏」が誕生した

さて、奈良平城京の政権は新羅の王朝であったが、都を長岡京から京都に遷都したのち、平安時代になって大きな転換が起こり、百済の政権が出来た。この百済王族の政権にガド族の血が入っている。

ではなぜ、平安時代になって百済の政権が出来たのか、これは一種のクーデターであり、ある意味では歴史上の大問題である。

藤原不比等（シメオン族）が藤原鎌足（郭務悰）の仲人で結婚した宮子は（「国史」は不比等の娘としているが、誤りである）、実は最愛の妻であり、それまで仇敵であったはずのガド族の血を受け継いでいた。

藤原四家の誕生

この二人の間の子＝光明子《こうみょうこ》（六九四年〜七六〇年）は、世間では正妻の橘三千代（県犬養《あがたいぬかいの》三千代《みちよ》）と不比等の間に誕生したとなっているが、実際は宮子との間に出来た子であった。また「国史」上の首皇子《おびとおうじ》（のちの聖武《しょうむ》天皇／七〇一年〜七五六年）は、宮子と軽皇子《かるのおうじ》（草壁皇子の子＝文武《もんむ》天皇）との間に出来た子で、不比等の孫とされている。だが、実際には聖武天皇もまた不比等と宮子の間に生まれた子で、実は光明子の弟だったのである。

この二人の結婚によって誕生した貴族四家（長男の南家・次男の北家・三男の式家・四男の京家）の「藤原氏」一族が、百済王《くだらのこにしき》の政権を復活させたのである。

聖武天皇の治世は七二四年から七四八年まで続くが、その間、朝廷の実権は皇后光明子（実は聖武より七歳年上の姉）が握っていた。そしてついに七四九年（天平感宝元年）七月、聖武天皇の譲位により、女帝である孝謙《こうけん》天皇が誕生した。この孝謙天皇は、光明子と新羅の僧・行《こう》心《じん》との間にできた子といわれているが、本当は皇后光明子と、先の（初代の）内裏《だいり》天皇光仁《こうにん》（実は百済王敬福《くだらのこにしききょうふく》）との間に出来た子であった。

その後、宮中において、世間では高野姫《こうやひめ》と呼ばれていた若き姫（十九歳／のちの孝謙天皇）は美男の道鏡（十八歳／陸奥守・百済王敬福の四男）を熱愛するようになった。

道鏡もまた百済系（ウガヤ王朝の直系王族）であり、この道鏡と孝謙天皇の間に生まれたのが山部《やまべ》親王（のちの桓武天皇）だったのである。すなわち、ガド族の血は不比等（シメオン族々長）と関わった宮子から入ったものであった。

そのため、平安時代になると、奈良時代の新羅の政権から、桓武天皇を中心とした百済の平安政権に大きく転換していくのである。

このようにみていくと、奈良王朝の新羅にしろ平安王朝の百済にしろ、朝鮮から渡来した王朝＝「朝鮮の宮廷」が日本に持ち込まれていたことが分かる。つまり、日本の歴史は朝鮮王朝が作り上げたのであり、奈良王朝が「朝廷」と呼ばれていた所以もそこにある。

平安時代になると、当然のことながら「ガド族」を奉るようになった。皇帝を帝《みかど》（御門《みかど》）と呼ぶ呼び方も、実にガド族（儒学者）流というわけである。

このような本当の「歴史」は、天皇家や宮内庁の書庫にはきちんと記録・保存されているはずだ。これについては、従来、鹿島曻や進歩的な考古学者も指摘しているが、最近ようやく天皇家周辺からも真相が語られるようになった。

☆　☆

平成天皇の「お言葉」と、韓日両国の歴史

二〇〇一年（平成十三年）十二月二十三日、平成天皇は、ご自身の誕生日を前にした記者会見で、皇室と朝鮮のつながりについて、日本の天皇として初めて踏み込んだ発言をされた。

日本と韓国の人々との間には、古くから深い交流があったことは、『日本書紀』などに詳しく

記されています。韓国から移住した人々や、招へいされた人々によって、様々な文化や技術が伝えられました。宮内庁楽部の楽師のなかには、当時の移住者の子孫で、代々楽師を務め、いまも折々雅楽を演奏している人があります。こうした文化や技術が、日本の人々の熱意と韓国の人々の友好的態度によって日本にもたらされたことは、幸いなことだったと思います。日本のその後の発展に、大きく寄与したことと思っています。

私自身としては、桓武天皇の生母が百済の武寧王の子孫であると、『続日本紀《しょくにほんぎ》』に記されていることに、韓国とのゆかりを感じています。武寧王は日本との関係が深く、この時以来、日本に五経博士が代々招聘されるようになりました。また、武寧王の子、聖明王は、日本に仏教を伝えたことで知られております。

しかし、残念なことに、韓国との交流は、このような交流ばかりではありませんでした。このことを、私どもは忘れてはならないと思います。

☆　☆

平成天皇は、記者の質問に答えて、以上のように韓国と皇室との深いつながりを認められた。この発言は、官僚や歴史の専門家にも大変な衝撃を与え、マスメディアはこれを大きく取り上げて報道した。

さらに今上《きんじょう》天皇は、かつて韓国の全大統領を国賓として迎えた時、歓迎会の席上で次のように挨拶しておられる。

☆　☆

貴国とわが国とは一衣帯水の隣国であり、その間には古くより様々の分野において密接な交流が行われて参りました。わが国は、貴国との交流によって多くのことを学びました。例えば、紀元六、七世紀のわが国・国家形成の時代には、多数の貴国人が渡来し、わが国人に対し学問、文化、技術等を教えたという重要な事実があります。長い歴史にわたり、両国は深い隣人関係にあったのであります。このような間柄にもかかわらず、二十世紀の一時期において両国の間に不幸な関係が存したことは誠に遺憾であり、再び繰り返されてはならないと思います。

☆　　☆

ここで天皇は、「紀元六、七世紀に多くの韓人が渡来して、先住民に対して文化を教えたという重要な事実がある」と指摘されている。

このことは一見、歴史的な常識を述べるにすぎないようだが、実は天皇の真意は、天皇自身が「渡来した韓人」の中にあった〝事実〟を教えることにあったと思われる。

李方子様の〝献身〟は「韓日親善」のはしり

☆　　☆

このことについて、鹿島昇は『神道理論大系』の中で次のように述懐している。

ある時の韓国旅行の折、私は大統領府の某高官とともに、李方子《りまさこ》様と話し合ったことがある。そのとき、方子様は、「私は親戚に嫁ぐ気持ちで来ました。異民族の王に嫁ぐとは思いませんでした」と言われた。

私（鹿島）は、このことを、勅命によって方子様が李王家に嫁がれる時、天皇家の歴史の真相を教えられたと考え、「では、聖徳太子が百済の王であったことはご存知ですか」と伺ったところ、「存じております。昔はそんなことを言えば不敬罪でしたが、今は真実を語れる時代です。鹿島さんも頑張《がんば》ってください」と言われた。

そのあと、私が、「韓国の人は、李王朝が異民族であるのに、同民族である天皇家の同化政治を嫌ったのは、（古来の）歴史的事実に反すると思います」と、少々失礼なことを申し上げたが、方子様は、「私は李朝の女官から、（韓王室の）朝廷内で使われる言葉に満州語が多いということを教えられております」と答えられた。

このお言葉について帰途、私たちが話し合った内容は、次のようなものであった。

韓国における「反日感情」の真因

韓民族が異民族である李王家を愛し、同民族である天皇家を嫌った理由を考えると、李王朝は同族の裏切りを警戒して現地人を登用した。一方、天皇家の支配形態は二流の日本人を総督府に行かせ、しかも、現地人はほとんど使用しないという方法であった。

日本は韓民族の姓を日本風にさせて、急激な同化政策を採用した。歴史的に考察すれば、今日の韓民族の姓は中国の模倣であって、古来の奇子朝鮮、扶余、三韓のものではない。だから、ある意味では同化政策は韓民族にとって「復古」だったのであり、天皇家の真意も、韓民族を百済の昔風に戻すことにあった。このように考えると、反日感情の真因は、同化政策の中の「差別」にあったのではないかと思われる。

朝鮮総督府は「皇民化政策」といい、「内鮮一体」を唱えたが、重要なポストは日本人が占めていた。そのため、終戦後の〝解放〟当時、実際の行政を運営できる韓国人はほとんどいなかった。例えば銀行業務を再開するため、当時韓国人としては銀行界トップの朝鮮銀行の大阪支店長をしていた人物を、米軍機で急ぎ帰国させたというようなエピソード等もいくつか残っているほどだ。

こうしてみると、当時の李朝文化が韓民族本来のものでなく、著しく儒教化し、歪曲された中国文化が根付いていたことが分かる。そうである以上、このような差別形式でしか統治できなかった日本文化の水準こそ反日感情の原因だったのではないだろうか。

このような状況においては、方子様の〝生き様《ざま》〟（韓国人の母と慕われるに至ったご努力の生涯）に象徴される天皇家の「原郷ノスタルジイ」（真の韓日同胞の感情）は、ついに韓民族の理解するところまで至らなかったのであろう。

この時の方子様の「お言葉」は、独り胸に秘めておこうと思っていた。だが、平成天皇のご発言を聞くと、天皇家はすでに「王朝出自の秘密を公開すべし」と、考えておられるように思われ、他のロイヤル・ファミリーの方々からもそのような感触を得て、ここにご報告する次第である。

さて、全大統領の先祖は、百済が満州から南下するときに、百済十将の一人であった。また天皇家は白村江以後に日本へ亡命した百済王家の子孫である。すると、今上《きんじょう》天皇のお言葉は、このような関係を前提として為されたものであろうか。

宗教の原点は、歴史的因果関係が神意に基づくと考えることであろう。されば、天皇と全大統領の会見は歴史的な「めぐり会い」とでもいえるのではないか。

☆　☆

『日本書紀』述作者の「謎」を解いた言語学者

先ごろ、短歌同人誌『火の群れ』の編集・発行人穂積生萩《ほづみなまはぎ》女史（品川区の盟友）より元大阪外大教授進藤治《しんどうおさむ》氏（東大阪市）の論文が送られてきた。それは、進藤先生の論文が小生の「本稿」のために役立つものと判断されてのことであった（転載了承済み）。

さて、進藤氏から穂積さん宛の手紙には、次のように認めてあった。

「いつも『火の群れ』のご恵送にあずかりまして恐縮に存じます。（『火の群れ』１０２号で日本書紀のことにふれておられましたので、蛇足かとは思いますが、地元の講演などで好評だった資料を同封させていただきました。これは大阪外大の同窓会大阪支部でのスピーチ用に作成し、地元東大阪での『日本書紀を読む会』などでも配布して喜ばれたものです。

京都産業大学教授の言語学者・森博達氏は、私の大阪外語の後輩で、早くから同窓会でも『中国語科で傑出した大変な才能の人物が現れた』と注目されてきた人です。（添付した表は）氏が上梓した『日本書紀の謎を解く』から抽出、要約したものです。

（従来）万葉仮名留まりで、古事記しか解明できなかった本居宣長《もとおりのりなが》のレベルでは、日本書紀の解明分析は大変な難題だとされていましたが、森氏は誰も手をつけようとしなかったこのテーマに、古代中国語音韻論という言語学的切り口から挑戦して、画期的な貢献を成したのです。そのため、一九九九年に上梓した『古代音韻と日本書紀の成立』（大修館）という論考に対して、言語学会から第二十回金田一京助賞が贈られています。

（別紙拙論を）お閑潰しにでもお目通し頂ければ幸甚です（二〇〇七年七月五日）」

進藤治氏の「『日本書紀述作者解明表』について」の論文

日本書紀が日本古代史研究の卓越した史料であることはもちろんですが、同時にこれほど厄介な史料もまたないのです。なぜなら、中国の正史のように厳格に歴代王朝の史官が記録した史実によって、その後に続く王朝になってから初めて後続王朝の史官から選ばれたものが、全く客観的な立場で前王朝の歴史を整然と編さんした、という史書ではないからです。したがって、書紀はまず史実と創作の部分を選り分けつつ、つまり、その内容の真嘘を厳しく選別しつつ読まねば真相が分からないのです。もっとも、創作や虚構にもそれなりの価値がないわけではありませんが。

この表（次頁参照）は、そういう篩《ふる》い分けの手がかりとして利用していただくために作成したものです。最近といっても、もう十五年～十六年くらい前のことになりますが、京都産業大学の森博達教授という傑出した言語学者によって、中国語古代音韻分析に基づく日本書紀の文体、用字、文僻などが精密に解明されて、その結果、書紀のどの部分が、いつ、誰の手によって執筆されたのかが明らかになりました。書紀を正確に読み進めていく上で、どうしても必要であるこうした画期的な成果の一部を、できるだけ分かり易いように整理して一つの表にしてみたものです。表題は「日本書紀の述作者解明表」としました。

表の欄について、向かって左から説明しますと、最も左が書紀の「巻数」で、これは漢書にならって全三十巻にまとめられています。

次の二つの欄は歴代天皇の「代数」とその「漢風諡号《しごう》（おくりな）」で、これは四十一代持統までになっています。ただし、壬申の乱で天武・持統の敵対者だった弘文（大友皇子）三十九代は正式に帝位についた天皇でしたが、全く黙殺されたのか、記述されていません。

次の欄は重要です。記述されている文体、文僻、使用文字などの特徴から三種類（α、β、γ）に分類されています。

まずはα群で、これは唐王朝時代の正しい音に通暁した格調の整った見事な漢文で記述された、唐朝標準語文のグループ。そしてβ群は、日本へ最も古い時代に伝わってきた百済音、江南の呉音による倭習の強い和化漢文とでもいうべきもので、仏教、仏典用語の多さが目立つ文

日本書紀の述作者解明表

—森　博達「日本書紀の謎を解く」の言語学的解明による—

進藤　治　作成　2005年
改訂　2007年

巻	代	紀名	区分	暦銘	述作者	備　考
一		神代(上)	β	なし	山田史《ふひと》御《み》方《かた》	・古百済音や呉音文字使用上の誤りなどからの倭習が強く仏典用語や表現が多い。
二		神代(下)	β	なし	山田史御方	
三	1	神武	β	儀鳳	山田史御方	
四	2	綏靖	β	儀鳳	〃（原資料）	・儀鳳暦を使用しているので文武2年(698年)以降の述作になる。
〃		〃	β	儀鳳	〃（原資料）	
〃		〃	β	儀鳳	〃（原資料）	
〃	9	開化	β	儀鳳	〃（原資料）	・ただし、巻四のみは原資料そのままの記述なので正格の漢文である。
五	10	崇神	β	儀鳳	山田史御方	
六	11	垂仁	β	儀鳳	山田史御方	
七	12	景行	β	儀鳳	山田史御方	
〃	13	成務	β	儀鳳	山田史御方	
八	14	仲哀	β	儀鳳	山田史御方	
九		神功	β	儀鳳	山田史御方	
十	15	応神	β	儀鳳	山田史御方	
十一	16	仁徳	β	儀鳳	山田史御方	
十二	17	履中	β	儀鳳	山田史御方	
〃	18	反正	β	儀鳳	山田史御方	
十三	19	允恭	β	儀鳳	山田史御方	
〃	20	安康	β	元嘉／儀鳳	山田史御方	即位前期は元嘉歴、元年以降は儀鳳歴

十四	21	雄略	α	元嘉	続《しょく》　守言《しゅげん》	・唐朝の正音に通暁し正格漢文によって記述されている。
十五	22	清寧	α	元嘉	続　守言	
〃	23	顕宗	α	元嘉	続　守言	
〃	24	仁賢	α	元嘉	続　守言	
十六	25	武烈	α	元嘉	続　守言	備　考
十七	26	継体	α	元嘉	続　守言	
十八	27	安閑	α	元嘉	続　守言	
〃	28	宣化	α	元嘉	続　守言	
十九	29	欽明	α	元嘉	続　守言	
二十	30	敏達	α	元嘉	続　守言	
二一	31	用明	α	元嘉	続　守言	・途中で続守言死亡、擱筆している。
〃	32	崇峻	α	元嘉	続　守言	
二二	33	推古	β	元嘉	山田史御方	・各時代音混用と倭習漢文
二三	34	舒明	β	元嘉	山田史御方	
二四	35	皇極	α	元嘉	薩《さつ》　弘格《こうかく》	・唐朝正音と正格漢文
二五	36	孝徳	α	元嘉	薩　弘格	
二六	37	斉明	α	元嘉	薩　弘格	・大宝律令に参画、多忙のため引退、擱筆か
二七	38	天智	α	元嘉	薩　弘格	

	(39代は弘文で省略)					
二八	40	天武(上)	β	元嘉	山田史御方	・各時代音混用と倭習漢文
二九	40	天武(下)	β	元嘉	山田史御方	
						・倭習少なくα群に近い正格漢文
三〇	41	持統	γ	元嘉	紀　清人	

(注)

1　全巻に対して、後日三宅藤麻呂が加筆潤色した。その部分に倭習が多く、不自然に際立っている。

2　儀鳳暦は唐の儀鳳年間（676 年～ 679 年）に新羅を経由して日本に伝来した新しい暦で文武 2 年（698 年）以降に正式に使われたもの。元嘉暦は六朝時代の宋の暦で元嘉 22 年（445 年）施行後すぐ日本に伝来した古い暦である。

3　述作者から推定しても、日本書紀ははじめに 21 代雄略～ 27 代天智までが唐人音博士らによって先ず述作された山田史御方によって後から述作され、22、23、28、29 の各巻がその後に挿入されたものであることがわかる。30 巻は持統により紀清人の述作が追加された。

4　続守言は 660 年百済の捕虜となった唐人で 661 年百済から献上されて来日、大学音博士となった。薩弘格の来朝は不詳だが、大学音博士で書紀述作にあたった。山田史御方が新羅に仏典研究のため留学していたが持統 6 年（692 年）還俗して国史撰述を命ぜられたと考えられる。したがって唐音には暗く、漢文も倭習が多かったのである。紀清人は若くて優秀で、ほぼ、正格漢文を唐朝正音によって記述できた。

5　日本書紀完修は 720 年、漢風諡号は 750 年代につくられた。

章のグループ。さらに、γ群は、β群のような和習、倭僻が少なく、α群にほとんど近い正格漢文ですが、少し異なる用字僻などが見られる文章のグループ。ただし各群には全般的に、β群の文僻による加筆修正のあとがあり、α群の文章の中では水中の油のように和習が際立っていて、その不自然さは歴然としています。

その次の欄も大変重要です。これは記述に用いられた「暦」の種類を示しています。暦は二種類が使用されていて、α群の述作には元嘉暦が用いられています。これは六朝《りくちょう》（南朝）の宋代の、元嘉二二年（四四五年）から施行されていて、その直後に日本に伝来されて以来ずっと使われてきた古い暦です。

これに対して、β群とγ群には儀鳳暦が使われています。これは唐の儀鳳年間（六七六年〜六七九年）に新羅を経由して伝来された、大変新しい暦でしたが、日本では持統退位後の文武二年（六九八年）から正式に使用されているので、この欄によって書紀が天皇の代数なんかとは全く無関係に、α群、β群、γ群の順で述作されていったことが分かります。

次の欄はこの表で一番重要な、書紀各条の述作担当者の名前です。α群は、唐人の大学音《おん》博士の続守言《しょくしゅげん》（唐と百済の戦で捕虜となり、倭国の要請で百済王から献上されて渡来した人）と、もう一人、これも唐人の音博士の、薩弘格《さつこうかく》（来朝経緯は不明、大学音博士として書紀述作を命じられた人）です。α群は、この二人により同時に分担執筆されているようです。

β群は、すべて山田史御方《やまだふひとみかた》が一人で述作しています。彼は新羅に仏典研究のために留学していたらしい還俗僧《げんぞくそう》で、二人の唐人が相次いで病死したために急きょ召還され、還俗して登用され、文武二年以降からβ群の述作にあたりました。しかし、彼は唐に行ったことがなくて、漢文を正しい唐音で読む能力がなかったため、β群を基本的に倭習音による和化漢文で述作せざるを得なかったのです。

γ群は、持統の死後（大宝二年／七〇二年）に、第三十巻の最終巻を持統紀として述作されることが予定されていたらしく、十二年後の和銅七年（七一四年）、遣唐使留学生《るがくしょう》で唐音に明るかった紀清人《きのきよと》が選ばれて述作しました。したがって、γ群はα群にほぼ近い、比較的正格な漢文で綴られています。この他に、三宅藤麻呂《みやけ》というものが、全般的に体裁を整えるつもりで加筆潤色したことが、関連文献記事から推量されていますが、この人も唐音に暗くて、α群の見事な唐音漢文中に、まるで方言の片言の如きβ群的文章が、随所に散見されることになったのです。

これによって、いろいろなことが明確になってきました。関連記事からの大幅な推量が可能になってきたのです。例えば、面白い例を一つだけあげておきます。

もうすでに表を見てお気づきのことと思いますが、巻二十二と、巻二十三というβ群の記述が、突然、α群の巻二十一と巻二十四の間に挿入されているという現象です。新しい儀鳳暦に基づいて作られた記述が、唐突に古い元嘉暦に基づく両唐人による歴史的記述の途中に、無理をして挿入されているという極めて不自然な編さんですが、これでは暦の違いによる時間差も生じるだろうし、全く歴史記述とはとうてい言えない乱暴な話なのです。具体的に言うと、推古紀と舒明紀です。

この不自然な挿入部分を史実として扱ってよいのか、という論議は、実は以前から、隋書倭国伝との比較などの文献史学的考証からも、ずっとささやかれ続けていましたが、決定打を放つには至りませんでした。

それがどうでしょう。音韻論に基づく書紀述作者割り出しの成果を表にしてみたら、かねてからの矛盾や疑惑がこのようにハッキリと裏付けられることになったわけです。

そうすると、推古という女帝は果たして実在したのか。その摂政の聖徳太子も、その当時存在していたのだろうか。それなら隋への有名な国書や、名文の評価が高い〝十七条の憲法〟はいったい誰が書いたのだろうかといった、エライ話になってくるのです。

事実、森博達氏は、「これらの文章は全く倭臭芬々《ふんぷん》たる、唐人が読めばへき地の方言・片言と思ってしまうような低いレベルの文章にすぎず、名文どころか文法の誤りや用字の誤用も多く、おそらく唐音を知らなかった山田史御方あたりの作文だろう」と推量しています。

そうすると、『聖徳太子の文章、十七条憲法の問題点』という有名な論文で、「文法的にも文体的にも実に立派な文章である」と絶賛して、それが定説化してしまっていた京大の漢文学の大御所・吉川幸次郎氏の説をはじめ、京大系の歴史学者である上田正昭さんなどの聖徳太子擁護派の先生方も全く顔色なしということになります。森博達氏は、「十七条憲法中、確実に倭習がないのは一、五、八、九、十一、十六条だけで、他の十一カ条は、非の誤用、不と勿の混同、ゆえんの誤用、之の倭習、語順の誤りなどの倭習的誤用が見られる」と指摘しています。

東京外大の名誉教授である岡田英弘という歴史学者も、『倭国の時代』（中公新書）の中で、森博達氏の音韻論の説をふまえて、「天武が自分の家系の始祖である舒明即位の正当化のために、文体や音字にはっきりした倭習の特徴を持つ、巻二十二、二十三の二巻を挿入して推古即位と聖徳太子の摂政政治の話を創作した。これが『隋書』倭国伝の記述と内容が全く異なっている理由である」と斬り捨てていますが、この表を作ってみた私も、今や確信を持って岡田氏に軍配を上げざるを得ないと思います。

この表は、要するにそういうことが見事に浮かび上がってくることの手掛りとなる資料として活用できるものなのです。

森氏は一九四九年生まれという、現在、油の乗り切った気鋭の言語学者であり、大阪外国語大学の助教授を経て、京都産業大学の教授に迎えられた、今や中国古代音韻研究の第一人者です。

江戸時代の山片蟠桃《やまがたばんとう》、戦後の津田左右吉などといった古い文献史学者からの、日本書紀や古事記に対する批判的研究の上に重ねて、この森氏の研究は、これらと全く異なった、古代中国音韻論という言語学的な切り口から、特に本居宣長の偉業の前におそれおののいて、従来誰も手をつけようとしなかった『日本書紀』という難しいテーマの分析解明に挑戦して、書紀成立の経緯の明細を解明したわけです。

本居宣長の古事記論は確かに偉大ですが、古事記は仮名論だけで事足りた訳ですから、森氏の研究は、その解明の次元をはるかに超える高次元の成果だと、言語学会で評価されたゆえんです。

この理論の普及のために、森氏は『日本書紀の謎を解く』（中公新書）を出版しています。少し言語学的な煩雑さを我慢して読み進んでいただければ、明日から書紀が語る古代が一変して目からうろこが落ちます。その読書のためにも、この表がお役に立てれば幸甚です。

第3部

歴史の真実を考える

松重楊江

鹿島流「歴史の学び方、考え方」

人が歴史を学ぶプロセスを考えると、小学生のころは歴史とは童話であり、中学校では教訓として学ぶ。高校に入るとようやく古典を読んで信じる。このことは、中国の科挙《かきょ》制度、朝鮮のヤンバン史学と同じであって、儒学の「国家試験」に合格するため古典教条主義を学ぶ、すなわち「師の教え」を丸暗記するというのが一般的である。しかし、大学に入ると、その古典に「ウソがある」と分からなければいけない。

本当の歴史を学び、科学的な世界観を会得しようとすれば、日本や朝鮮では古史古伝を併読して学び、中国でも苗族《ミャオ》がシュメール（実はバンチェン文明圏）から渡来した伝承などを組み入れて考えなければならない。特に日本人は、高校で漢文（白文。句読点のない漢文）を読む勉強をしておかないと、古典・歴史書を正しく理解できなくなる。

例えば、『晋書《しんじょ》』（六四八年成立書）に「卑弥呼は公孫氏の女なり」とあり、また天理市の石上《いそのかみ》神社秘蔵の七支刀《ななさやのたち》金刻文字には「百済王の世子、奇《く》しくも聖音に生まれ、故に倭王と為《な》る」とあるが、専門家と称する学者たちはそれらを自分の都合のいいように曲解・誤読して、いつまでも正しく理解しようとしない。

きちんと高校で勉強した人は、大学に入ると歴史の古典が虚構であり、中国の『史記』がオリエント史の借史であることや日本の「記紀」が朝鮮史の借史であること、しかも、それらの古典を専門家がわざわざ曲解・誤読している実情が理解できるであろう。

ちなみに、司馬遷の『史記』が東アジアの古代史を捻じ曲げて、星占いの「処世訓」を記しているのは、それが中学生向きの教条的歴史書だからである。

〔凡例〕

周（アッシリアの西周）の武王に、中国の諸侯は「紂《ちゅう》は討つべきです」と言った。しかし武王は「そなた等は未だ天命を知らない」といって引き返した、と『史記』にある。

紂王《ちゅうおう》（妲己《だっき》を溺愛し酒池肉林に溺れた王）の叔父の比干《ひかん》は「臣下たる者は一命を投げ出しても諫奏《かんそう》しなければならない」といって強く紂を諫《いさ》め、そのあげく比干は殺される。紂王の異母兄の微子啓《びしけい》も、紂を諫めたが聞き入れられなかったので国外に去った。

紂王の臣・箕子《きし》は恐れて、狂気をよそおい、奴隷に身を落としたが、紂に捕えられる。この（賢人宰相）箕子の子孫が、のちに遼東（満州）にあった奇子《きし》朝鮮の王になったという（俗に「箕子朝鮮」とも書くが、これは誤り）。


司馬遷はこのような教訓事例を創作し、自らが身を置く漢王朝の腐敗に対して、臣下たちのとるべき処世道を例示したのであった。

このように、古代における歴史書の役割は重く、良かれ悪しかれ政治のお手本であり、いわば憲法判例集ともいえるものであった。それ故に、過去を客観的に示すものとはいいがたく、われわれは書き手の創作を想定して推理勘考せねばならない。したがって、一方においては、『史記』を文芸の書として読む〝面白味〟は十分にあるし、これを種本にして次々に新しい歴史小説（司馬遼太郎風《ふう》のフィクション）が生まれるのも肯《うなず》けるのである。

さて、前一六〇〇年頃、殷の湯王《とうおう》は征討軍を起こし、諸侯を率いて夏《か》の桀《けつ》を討ったという。湯王は「私は非常に勇武であるから、武王と号することにしよう」といった。勇武であるから「武」と号するのは自然であるけれども、この湯王が『史記』のなかの殷（実は殷墟《いんきょ》文化圏）の開祖とされているのだ。

のちに周の武王も、これを真似て殷の紂王を伐《う》ったわけであるが、これら武王の「武」に気をつけよう。「武」はしばしば中国の史書では始祖を表すからだ。

日本史でも「武」のつく天皇、すなわち神武天皇、天武天皇、桓武天皇の三人の天皇が存在する。これら三人の天皇は、各々血統の異なる朝鮮から渡来した新王朝の祖王であった。それは、「武」には革命的な意味があったからにほかならない。つまり「万世一系」ではなかったということである。

司馬遷の『史記』では、殷と秦の間に周という国家があったことになっているが、この歴史は実はアッシリア帝国の歴史がモデルであった。

オリエント史を見ると、アッシリアという帝国の歴史は実に長く続いている。封建各国の盛衰はあったが、この帝国は、ヒッタイトの保護国の地位から前一八〇〇年頃に独立して、前六〇八年まで約一千二百年間、その名を留めている。

周史がモデルとしたのは前一二七四年～前六〇八年のアッシリアであり、それ以降の周史は、オリエントにおいてアッシリア帝国が姿を消したあと、前五三九年以降の大ペルシャ帝国の中にあったアッシリア自治区の歴史なのである。

ちなみに、中国における「周」（アッシリアの流刑植民地）の全国支配は、前十一世紀から前八世紀とされている。


俗に「殷周革命」といわれるもののモデルは、イシンの後期王朝がマルドゥク某とナプシュミリプルの時代に滅んで、バビロンの覇権が大局的にアッシリアに移った歴史の流れであり、「殷周革命」とは、この流れを脚色して一つの芝居本「五百年大変説」の見せ場として作られたものである。これがのちに怪奇小説『封神演義《ほうしんえんぎ》』のタネ本となった。

オリエント史において、イシン（殷の本国）はアッシリアに滅ぼされたものではなく、アラム人によって滅ぼされた。しかし『史記』では、漢が秦を放伐した（または劉邦が項羽を討った）というデッチアゲの先例として、オリエント史を素材に、アッシリアを周とし、イシンの殷を滅ぼすという壮大な大河ドラマを仕立て上げたのである。


「周本紀」には、次のように記されている。

「武王が殷に勝ってから二年後に、紂に捕えられていた箕子に殷が滅びた所以《ゆえん》を問うた。すると箕子は殷の悪を述べるに忍びがたく、国の存亡する道筋を答えた。武王も問いの酷であったことを恥じて、改めて天道について問うた。武王が病気にかかった。武王はいったん平癒したが、やがて崩じた」。

〔凡例のまとめ〕

「朝鮮史」は、ここに登場する箕子を奇子朝鮮の祖であるとしているが、この「賢人箕子」の物語も、実は司馬遷作『史記』大河ドラマのフィクションだった。今後は、韓国の歴史家もこのことを「鹿島史学」によって学び、正しい朝鮮の古代史を学校の教科書にしてほしいものである。

前六世紀、洛陽北方の平陽に移民したマカン人（バビロンの番韓人・海人族）の集団が「韓」という小国家をつくった。その後の歴史を、なぜか朝鮮に普及していない古伝『檀奇古史《だんきこし》』は次のように記している。

「『韓』末期の（「史記」の）晋王のモデル＝バビロンの将軍サトラップと同僚のマザウエスは、前三二四年に、アレキサンダー大王に従ってシルクロードを驀進《ばくしん》して長安に至り、ついに洛陽の「韓」攻撃に参加した。やがて大王の軍が引揚げたのちに、将軍マザウエスの部隊が韓人（マカン人）とともに遼東に移動して奇子《きし》朝鮮（召公の燕）を建てた。そして、召公（エラム人）の燕《えん》（海人族のクニ）はカルデア人の亡民をも吸収した」

漢民族は前四世紀以後に誕生した

中国の歴史家は、「中国五千年の歴史」と、あたかも中国の古代文明が自生でできたかのようなことを言うが、それが虚構であることは、すでに先著で繰返し論じてきた。秦以前の中国史はすべて外国の歴史をモデルにしたものであったし、殷→周の時代の歴史も虚構なら、中国を初めて統一した秦帝国の実態も虚構であった。

なぜ、そのようなことが行われたかというと、それは中国人の中華思想（中国中原《ちゅうげん》が世界の中心であると思い込んでいる思想）と密接に結びついているからである。そこで、その中華思想について改めて考えてみたいのだが、「漢民族はすべて黄帝《こうてい》の子孫である」というのが、まずデタラメであった。

黄帝は、実は漢民族とは関係がない。司馬遷らが、アッカド王サルゴンをモデルにして創作した想像上の大王だ。それを含めてすべては作り事の歴史だが、天皇の「万世一系」を信じる日本人も、檀君桓雄《だんくんかんゆう》の「万世一系」を信じる朝鮮人も、ともにこれを笑えないのである。それは、麻薬的な権力幻想がつくり出した、きわめて幼稚な観念であり、煙のような幻想だったのである。

こんなことを民族のアイデンティティーにするのは、架空の神話によって日本を神国というのと同じで、世界から見れば夜郎自大《やろうじだい》の思い上がりもいいところである。このような歴史の偽造と認識錯誤が、中国文化の致命傷であり続けたといってよいだろう。

中国大陸を杭州、武漢、西安と貫いて線を引くと、その両側の住民は黄河文明の北方型新モンゴロイドと、長江文明の南方型新モンゴロイドとに分けられる。血液型も顔の形も言語もまったく違う別の民族なのである。このような別々の民族が、前一六〇〇年以降、インダス文明圏から渡来した外来のいわゆる〝漢字文化〟によって、暴力的に多くの民族を統合しようとしたということである。

現在、漢民族が「すべて黄帝の子孫」であり、単一の民族であるとする見方は、さすがになくなってきている。李済《りさい》の著書『漢民族の形成』が決定的な影響を与えて、「漢民族と汎称《はんしょう》される民族の構成はきわめて煩雑《はんざつ》であり、その言葉の持つ意味の〝捉《とら》え方〟も多様である」というのが定説となっている。

また、漢民族の形成についても、「往古より肥沃な黄河の中・下流地方を中心とする華北の地に、それぞれ系統を異にした諸民族が、おのおの固有の文化を持ち寄って集まり、異文化の集結と融合により、特異な高文化を作り出した」とされている。

これについて中原和人氏は、「筋収縮力テスト法」によって検証し、以下のように明確に述べている。

○**漢民族**……華北型の雑種が、前四世紀から前三世紀にかけて、苗族《ミャオ》（血液A型）、チュルク族（血液ＡＢ型）およびユダヤ人（血液Ｏ型）の混血によって生まれた。漢人が旺盛な繁殖力を持っているのは、多様な人種による混血のためである。
○前四世紀以前に、華北の先住民であった人々は、現在東北（満州）や雲貴高原地帯などに分散し、少数民族と呼ばれている。中国五千年の歴史は、これらの漢民族以前の先住民諸族が打ち立てた歴史であった。
○**台湾の住人**……高砂族（ワジャック人）、港川人（フーマン族）および漢民族。
○**ヴェトナム人**……主流は新モンゴロイドの苗族であり、シュメール人もいる。中国の越人＝江南諸族も同じ苗族である。すなわち、日本農民のルーツ。

漢民族が自身を漢民族だと認めたのは、前二〇二年、漢帝国なる王国（前漢）を興してからである。爾来、漢帝国の一員であることを認めた個々人または集団が、漢人と呼ばれ、漢民族と称されることを自他ともに容認したことによって、漢民族とか漢人という名称が徐々に固定し、今日にまで受け継がれているのである。

とすれば、漢帝国以前のある種の複合民族集団は何と呼ばれていたか。彼らは、秦人《しんじん》と呼ばれていた。秦の始皇帝により統治されたため、秦人と称され、それが今日のチャイナとして受け継がれているのである。

「天孫降臨」は始皇帝の「焚書坑儒」から始まった

前二二一年、大秦国（バクトリア）王ディオドトス一世は中国名・秦王政を名乗り、精強なペルシャ軍団を率いて中国大陸に侵攻し、中国全土の統一に成功すると、今度は自ら「始皇帝」を名乗って秦帝国を建国した。

その頃（中国戦国時代）、西周（アッシリア帝国）の分国・周の諸侯となっていた強国は魏《ぎ》（大梁《だいりょう》）、韓《かん》（鄭《てい》）、趙《ちょう》（邯鄲《かんたん》）、燕《えん》（薊《けい》）、楚《そ》（郢《えい》・紀南城）、斉《せい》（臨淄《りんし》）、中山《ちゅうざん》（霊寿《れいじゅ》）の七雄（カッコ内は首都名）などであった。が、侵略者＝秦《しん》（咸陽《かんよう》）のために征服され、王族たちは降伏して臣従を誓い、あるいは亡命先を求めて遠隔の地へ逃亡していった。

だがその時、秦王政たちも、もはやオリエントに帰る望みは絶たれていたため、せめて史書の上だけでもと、儒学者・蔵書のオリエント史を漢訳し、それを中国史として移植することにした。こうして「秦本紀」（史記の種本）が出来上がると、秦王三四年（前二一三年）、楚人李《り》斯《し》（？～前二〇八年／フェニキア人）の献策による焚書令（秦王政の出自を隠す目的で、従来の中国史書・経典などをすべて焼く命令）が出された。

前二一三年、始皇帝は「焚書令」に抗議する儒家を「秦の政治をそしる者」という名目で、国禁を犯すもの四百六十余名を捕え、首都咸陽で「生埋めの刑」に処した。

これが有名な「焚書坑儒《ふんしょこうじゅ》」事件であるが、このとき焚書坑儒の対象とされた孔子・孟子系の儒家（ユダヤ人）はガド族の人々であった。それ以来、始皇帝（秦王政）のシメオン族と、製鉄基地南陽《ナンヤン》郡宛《えん》（鉄鋼都市）の支配者であった儒家グループ（ガド族）とは敵対関係に入り、その結果、ガド族はイスラエル南朝系（ソロモン王の子孫・ユダ系）に接近して、シメオン族らの北朝系グループと対立し争うようになったのである。

前二一〇年、始皇帝が亡くなると、バクトリアの将軍エウチデムス（中国名・項羽《こうう》）は、前二〇七年、本国バクトリアから秦の二世皇帝胡亥《こがい》を追撃してきて、これを洛陽で殺し、続いて翌年（前二〇六年）、三世皇帝子嬰《しえい》を廃して秦帝国を滅ぼし、自ら大秦国王となった。

前二〇二年、大秦国王エウチデムス（楚人項羽のモデル）は中国を法治国家とする困難さを知って、植民都市であった洛陽（首都）を放棄してバクトリア本国に引揚げると、のちインド西部に転進した（鹿島曻著『歴史捏造の歴史』）。

その後、主人がいなくなった中国を横領した劉邦《りゅうほう》（南陽《ナンヤン》の宛《えん》・鉄管工奴隷部族の小首領）が「漢」という王国を建てて高祖と名乗り、秦帝国の遺産をそっくり「我がもの」とした。こうして、史上初めて中国大陸に「漢民族」が誕生したのである。

ちなみに、現在、中国の正史とされている司馬遷の『史記』は、漢王室の強制により、真実の歴史を隠す目的で『秦本紀』を種本として作られた「偽史」である。

この『史記』作成を官職とした司馬遷（開封にいたイスラエル北朝系シメオン族の史官・占星術師）も、その「偽史」作りに抵抗したため、漢王室（非ユダヤ系）によって宦官《かんがん》にされ、彼の子孫は残されていない。

そして、今日、中華民族と自称している漢民族は、実は前四〜三世紀に、苗族《ミャオ》（竜山文化《ロンシャン》以来の農民）＋チュルク族（トルコ人）＋ユダヤ人（イスラエル人）などの盛んな混血によって生まれた華北型の雑種である。漢民族（華北型漢人）が優れた能力と旺盛な繁殖力を持っているのは、多様な人種による混血のためである。

また、東西文明を結ぶ主な商人であったユダヤ人は、河南省開封《カイフォン》を基地にして活躍していた。前四世紀以降、開封にあったユダヤ人居住地はよく知られていて、彼らは十八世紀までしぶとくユダヤ教を信じて生き続けていたという。しかし、さしものユダヤ人も度重なる天災や人災によって、ユダヤ教を捨てて漢民族に同化してしまった。だが今日、このようなシルクロードから中国に入ったユダヤ民族が、「失われた十部族」の子孫であるということは、多くの研究者によって推論・確認されている。

このあと、魯国《ろ》（曲阜《きょくふ》）にいたガド族は山東半島の莱州《らいしゅう》→竜口《ロンコウ》から乗船して渡海。遼東の奇子朝鮮を頼って亡命し、やがて燕王公孫氏と接触して同盟し、続いて前二〇六年、秦帝国が滅亡すると、秦の王族や遺民（ユダヤ人）たちは部族毎に、また遼東へ逃れ、フェニキア系の奇子朝鮮を頼って亡命した。そして、前九〇年頃、奇子朝鮮（この頃は平壌のコロニー）に参入していたガド族々長の猿田彦らと、南朝系イッサカル族の一部グループは本隊と分かれて別行動をとり、「銅鐸文化」を携えて朝鮮半島西海岸寄りに南下し、玄界灘の対馬浅茅湾《つしまあそう》へ移動した。

これが「記紀」の記す「ウガヤ王朝の天孫降臨」物語となり、ガド族およびイッサカル族「儒家」の本流は日本列島へ移動した。その後、九州の「鉄鐸・銅鐸文化」の旧伊勢国→山陰地方の出雲国→志摩半島の伊勢国へと、またシメオン族らの委奴国《いど》（筑紫の大和）から奈良盆地の秦王国（奈良の大和《やまと》・飛鳥王朝）へと、それぞれ東遷していくのである。

だが、これら本当の東アジアの歴史は、中国、韓国、日本の学界には伝わっていない。各国の為政者は従来の誤った歴史観を一般国民に教育し、大切な文化遺跡もウソの説明をして「偽史」を正当化しようとしている。これでは上から下まで「ウソ文化」が浸透して、いつまで経っても思い上がった「中華思想」や韓国人の「悪人倭寇」という観念は改められないであろうし、両国との真の友好親善も生まれないであろう。

唐の手先となった統一新羅＝朝鮮民族の歴史

ここで、朝鮮民族の歴史を回顧してみる。

古代朝鮮（日本の縄文時代→弥生時代）にも、先住民であるオロッコ人の上に、苗族《ミャオ》（バンチェン人）と混血したツングース（アイヌ族）がいた。そして、陸と海のシルクロードを渡ってきたチュルク人（トルコ人）やフェニキア人もいた。加えて、秦以後の「古墳時代」に誕生した朝鮮諸国についてみると、高句麗（高麗）人はツングース（アイヌ族）とフェニキア人との混血であり、百済人（扶余人）はフェニキア人とヒッタイト人の混血である。

これら多くのグループが、こもごも朝鮮を支配したから、今まで攻争が絶えなかった。また、かたくなに朝鮮人が固守する本貫制度が、リベラル社会への移行と朝鮮民族同士の融合（混血）を妨げてきた。

李氏朝鮮には中国系の朱子学が残っていたが、歴史や言語は高句麗系のままであった。インド系の中山国《ちゅうざん》・奇子《きし》朝鮮および大扶余・駕洛《から》国などの文化は、檀君教または「檀君教団」諸派として残るだけである。朝鮮では昔から現代まで、良い意味の、本当の「文化革命」または「宗教革命」は行われていない。このような真に融合しない多民族国家では、いつまでも部族抗争が絶えないのである。

八世紀の唐からすれば、朝鮮を「従属国」として扱うには、統一朝鮮がまた分裂して、もとの三国時代のようになる方が好都合だったのであろう。

それにしても、中国人や韓国人と交際して分かったことは、彼らが自国の歴史を知らず、全く間違った歴史を思い込まされていることである。

これでは同じレベルで論争するのに、手間がかかり過ぎる。日中友好・日韓友好の親善努力も「日暮れて道遠《とお》し」の感がある、と言うべきであろうか。

空海と「真言密教」

承和《じょうわ》二年（八三五年）三月二十一日寅《とら》の刻（晩七つ）、空海僧都は高野山に入寂したと伝えられているが、彼が伝えた真言密教とは何だったのであろうか。

空海（弘法大師）は讃岐（香川県）善通寺市の豪族佐伯氏（シメオン族）の出身である。古墳時代から四国および瀬戸内海は秦王国（俀《たい》国）の支配下にあったが、讃岐佐伯氏もその国造《くにのみやつこ》（地方長官）の流れを継いでいたのであろう。

空海は奈良時代末の宝亀《ほうき》五年（七七四年）に生まれ、伊予親王（桓武天皇の皇子）に学問を教えたほどの碩学《せきがく》・阿刀大足《あとうのおおたり》（母方の叔父）に『論語』を学び、延暦《えんりゃく》七年（七八八年）十五歳の時、大足に伴われて奈良の都に出た。

大学では明経科で『春秋』などを学んでいたが、勤操僧正《ごんぞうそうじょう》（三論宗の碩学僧）と出会い、密教の法である「虚空蔵求聞持法《こくうぞうぐもんじほう》」を授けられた。以来、青年時代はひたすら密教の修行と研究に打ち込み、その修業道場として、阿波（徳島県）の大滝ケ岳や土佐（高知県）の室戸岬など人跡まれな霊地を選んで厳しい修行をしたとされる。また、大和（奈良盆地）の久米寺東塔に「大日経」を見つけ、その研究を独りで深めていった。こうしていつしか、仏教および密教教義の真髄を追及する修行僧（三十歳）となっていたのである。

延暦二十三年（八〇四年）七月、遣唐使船の第一船に便乗した空海は、遣唐大使藤原葛野麿《かどのまろ》ともに長安の都に入った。そして直ちに、当時の中国で密教の第一人者であった恵果阿闍梨《けいかあじゃり》を青竜寺《しょうりゅうじ》に訪ねた。すると、恵果（七四六年〜八〇五年）は空海に、一尊法《いっそんほう》を伝える受明灌《じゅみょうかん》頂《じょう》を再三授けて空海の器量を確かめたのち、最後に、数千人ともいわれた（中国人の）弟子たちの中で唯一人空海を選び、胎蔵界法《たいぞうかいほう》と金剛界法《こんごうかいほう》の両部の大法を伝授した。

通常、日本留学生《るがくしょう》の就学期間は二十年間であったが、空海はわずか二年で密教の秘法を恵果から授けられた。恵果は密教正系を継ぐものとして師の不空《ふくう》（スリ・ランカの竜智に密教を学んだ不空三蔵法師／七〇五年〜七七四年）から授けられていた「法と宝物」を、すべて空海に与えた。無論、正当な謝礼をした上でのことであったろう。

大同元年（八〇六年）八月、最澄（伝教大師）の帰朝から一年遅れて帰国した空海は、渡海して密教の真髄を伝授され、インド密教の正統を継ぐ人物となっていた。

すでに恵果の密教では、大日如来を中心にして多数の尊像を整然と位置づける「独特の体系」が出来上がっていた。祭壇には、根本の経典となる胎蔵界曼荼羅と、金剛界曼荼羅を二幅一組とした両界曼荼羅図が本尊として掲げられていた。その中には、飛鳥時代の仏像には見られない姿をした尊像が多いので、わが国への両界曼荼羅の請来は、仏教の彫像・画像の種類を大きく増加させ、宇宙神（救世主尊像・菩薩像など）を表現する美術＝画像および造像活動の様相を一変させるに至ったのである。

入唐八家

この時代（平安時代初期）に、最澄（伝教大師）の法系である天台密教からは、最澄（八〇四年）に続いて円仁（八四七年）・円珍（八五八年）が、空海の法系である真言密教からは空海（八〇四年）に続いて常暁《じょうぎょう》（八三九年）・円行《えんぎょう》（八三九年）・恵運《えうん》（八四七年）・宗叡《しゅうえい》（八六五年）らが、密教の秘法を求めて唐（当時の世界帝国）に渡り、多くの経典や画像を得て帰国した。これらの「入唐八家」が請来した宝物は、『宇宙の真理を絵画で表す』というインド文化の伝統的成果（曼荼羅）であった。もともと中国へ伝わり、唐文化の精髄となっていたものが、わが国の仏教美術世界に集中的に請来されたのである。

空海の『御請来目録《ごしょうらいもくろく》』には、恵果が空海に語った言葉「真言《しんごん》の秘儀は、経疏《きょうそ》に隠密《おんみつ》にして、図画《とが》を仮《か》らざれば相伝《そうでん》すること能《あた》はず」が記されている。

空海はまた『真言密教』について次のように述べている。

「密蔵は深玄《しんげん》にして翰墨《かんぼく》に乗せ難し。更に、図画を借りて悟らざる者に開示す。種々の威儀、種々の印契《いんげい》は、大悲《だいひ》より出《い》でて一覩《いっと》に成仏《じょうぶつ》す。経疏に秘略にして之を図像に載《の》せたり。密蔵の要は実にここにかかれり……」

密教の僧にとっては、両界曼荼羅などに表される諸尊の図形《ずぎょう》を熟知し、それを描けるようになることが必須の修練の一つであったという。だが、密教の「真法」とは、経典や画像によって伝えられるものだけではなく、さらに深い、師から師へ口伝《くでん》される「再生秘法」があったのではないだろうか。

その再生秘法を会得した弘法大師が「即身成仏」を決意し、承和二年三月二十一日寅の刻、自ら「生身入寂」したということなのであろうか。

明治維新の真相

「秦帝国」の亡命者であった江戸時代の儒学者（ユダヤ系の人々）には、前漢時代以来の『山《せん》海経《がいきょう》』地理誌が歴代の伝承によってよく理解されていた。

それが幕末になると、永い間の鎖国政策による〝平和ボケ〟で、幕閣老中以下の旗本たちが上下そろって人の殺し方も知らない〝なまくら武士〟に成り下がっていた。講武所や町道場などの「道場剣法」でいくら練習しても人は殺せず、実戦の役には立たない。

加えて、武士たちは世襲制度（士農工商カースト）の弊害で、幕府行政官としての勤労精神を失い、儒学や洋学を学ぶことまでおろそかにしていた。つまり、勝海舟が門弟の坂本竜馬に語ったように、幕府に人材は乏しく、幕臣は長い刀を差した格好ばかりの存在で、中身は心身ともに腐っていたのである。

一八五三年（嘉永六年）六月、米使ペリーの黒船艦隊が来航して、突然、外圧の化け物が江戸庶民の前に現れると、「泰平の　ねむりをさます　上喜撰《じょうきせん》　たった四はいで　夜も寝られず」という落首がどこからともなく広まって、右往左往する幕閣役人の腰抜けぶりを皮肉った。早くから長崎のオランダ交易を通じて、世界情勢も異国の武力もよく認識していた幕府にとって、ペリー艦隊の要求を拒否することは不可能といえた。だが、海外情報の埒外にあった農民・庶民たちは、不安におののくばかりであった。

このとき、全国から澎湃《ほうはい》として起こったのが尊皇攘夷の運動である。その言い出し元は水戸藩主斉昭《なりあき》・慶喜《よしのぶ》父子及び藤田東湖らであったが、最も熱心にこれを推進したのは長州藩の裏毛利上忍《じょうにん》・益田家老と吉田松陰の松下村塾《しょうかそんじゅく》グループであった。

こうして、公武合体によって徳川家の存続を図ろうとする佐幕派と、尊皇攘夷によって幕府を倒そうとする勤皇派との激しい戦が、全国的に展開されることとなった。

一八六三年（文久三年）五月、長州藩は下関で最初に外国船を砲撃し、手ひどい反撃を受けた。翌元治元年七月、薩摩藩の介入により蛤御門の戦で敗れると、八月には、四カ国連合艦隊に下関を砲撃されて完敗したうえに、第一回目の長州征伐となり、勤皇派首脳も大半粛清されて俗論党政府となった長州藩はいったん降伏した。

だがちょうどこの頃、突然横浜鎖港を言い出した将軍家茂と慶喜に立腹した着任早々のイギリス公使パークスは、薩英戦争以来仲良くなっていた西郷隆盛に、「開国を認める天皇の下で薩長政府をつくってくれ」とアドバイスした。

この勤皇党忍者のツナギを受けた中忍・高杉晋作らの長州奇兵隊は、翌慶応元年正月、決起して俗論党軍を破り、正義派によって藩論を統一する。そして、上忍に昇格した木戸孝允《たかよし》を藩政府の宰相に据えて、近代的な軍事力の強化を図り、倒幕路線をひた走った。

慶応二年正月、正式に薩長同盟が締結されると、彼らはまず将軍家茂を毒殺し、第二次長州征伐（長州「四境の戦」）では協力して幕府軍を敗退させた。

実はこの時、征長戦で徳川軍の物資輸送役となった弾左衛門は大阪までやってきたが、結局自分の補給部隊を出動させなかった。その理由は、西郷隆盛の同志・益満休之助ら江戸薩摩屋敷の勤皇党が、弾左衛門に、自分たちはマガタンシまたはユタモンという白丁隼人であり、弾家もその白丁であった歴史を持ち出して、「われわれは同族だから、解放のため共同して徳川政権を倒そう」という説得に成功したためである。結果、薩長軍とエタ・非人頭の弾家が同盟したため、補給路を断たれた幕府軍は負けるほかなかった。

同年十二月二十五日、薩長同盟は公武合体派の首領である北朝系の孝明天皇を刺殺し（実行犯は伊藤博文）、翌三年七月、病弱な幼帝睦仁《むつひと》をも毒殺すると、先に長州から連れ出し薩摩屋敷に待機させていた南朝の後裔・大室寅之祐《おおむろとらのすけ》（十六歳）を厚化粧させて宮中に入れ、睦仁の身代わりとして「玉《ぎょく》」天皇に仕立てた。

この「玉」天皇は討幕の密勅に〝睦仁〟として署名し、慶喜の大政奉還も何くわぬ顔で受理した。続いて慶応四年正月、「鳥羽伏見の戦」で錦旗を立てた薩長側の官軍が勝利すると、直ちに王政復古を各国公使に通告し、同年九月、明治と改元して、「玉」大室寅之祐は晴れて明治天皇となった。

これが明治維新の真相である。

江戸城の無血開城に続く「戊辰の役」は、慶喜らに「天皇すり替え」を言わせないためと、薩長両藩の仕返し作戦によるものであったから、終始、沈黙を守った慶喜は、明治二十一年、公爵に列せられて、七十七歳の長寿を全うしている。

明治維新の後、松下村塾出身の上忍と岩倉ら公卿たちが「南朝革命」の成果をすり替え、明治天皇を操り人形にして明治（伊藤）憲法をつくり、絶対的天皇制を確立して国民を支配したのが「明治新王朝」の実態であった。その事実を、「天皇不可侵」という世界史にも珍しい刑法「不敬罪」により封殺してきたのである。

新政府閣議による「西郷追放」の真相

鹿島昇は『国史正義』の中で、毛利敏秀著『「岩倉具視」幕末維新の群像Ⅱ』を引用し、次のように述べている。

「いわゆる『西郷征韓論』は、岩倉具視や大久保利通らのデッチアゲであった。

そもそも、岩倉・木戸・大久保・伊藤という連中は破壊には向いていたが、建設はできない、いわば『解体屋』だった。彼ら岩倉使節団の一行が外遊に出発し、予定より一年も遅れて帰国したのち、英米帝国主義の手先になるという一点で団結して、留守政府の西郷参議を追放したのが日本の不幸・悲劇の始まりとなった。
・朝鮮の李王朝は『徳川将軍以外の政権は信ずることができぬ』と言い、『日本は毛の青い洋夷に血を売って東夷となってしまった』として、日本の使節を事毎に侮辱していたから、岩倉使節団の帝国主義参加論の根底にはこの侮辱に対する反撥があった。
・留守政府の西郷は板垣らの征韓強硬論を制して、『もはや朝鮮とその間のことは書類の往来では決まらない』と言って、自ら〝親善訪韓〟すると主張した。
・井上馨《かおる》は『談判決裂による場合の戦闘には財政がもたない』と言って、西郷の訪韓に反対したが、西郷は『井上どんな、なぜに朝鮮との談判が戦争になると決めてかかるのだ』と言って嗜《たしな》めた。
・結局このとき、朝議は西郷訪韓を承認したが、参議・大隈重信は『岩倉ほか諸公の帰朝を待ってから決めよう』と言い出して、西郷を制した。
・西郷は常々『敬天愛人』を主張し、江戸攻略のとき徳川と妥協して無血開城させたことでも判るように、無益な流血を好まなかったから、西郷が訪韓すれば、おそらく朝鮮（李王朝）に日本の立場を理解させて、後日、日本が朝鮮を侵略することができなくなったであろう。
　このように考えると、大隈もまたこの時すでに岩倉たちの手先だったのかもしれない。のちに風評されるほど大隈重信も大人物ではなかったのだ。（中略）

一八七三年（明治六年）九月二十三日、明治天皇は岩倉に操られて西郷使節派遣の閣議決定を裁可しなかった。まだ若年の天皇は、岩倉に逆らえなかったに違いない。しかし、天皇の責任は重大であり、閣議が正規の手続きを踏んで議決した案件を天皇が裁可しなかったことは、天皇の正院（内閣）不信任を意味する。したがって、天皇の信任を失った三条太政大臣以下の正院全メンバーは総辞職しなければならないはずであった。

だが実際には、二十二日、西郷、板垣、江藤、副島の四参議が岩倉邸を訪問した際、事前に大久保から十分ネジを巻かれていた岩倉は、敢《あ》えて違法行為を犯《おか》すつもりだと明言したので、西郷は即座に抗議辞職を決意した。そして翌二十三日、辞表を出すとそのまま東京郊外に身を隠した（西郷はいわゆる『征韓論』に敗れて下野したのではない）。

そして、板垣退助・後藤象二郎・江藤新平・副島種臣の四参議が、天皇裁可の内容が判明した二十四日、辞表を提出していさぎよく政府を去った。

彼らの辞表提出日程が、西郷と一日ずれていることに注意すべきで、それは辞表提出の理由が違っていたからである。この違いを無視して、辞職した五参議を一括して征韓派としている俗論＝『征韓論政変説』は、この点でも史実を誤認している。

こうして、大久保利通の『一の秘策』の無法が罷り通り、政府は大分裂した。いわゆる『明治六年の政変』である。大久保のクーデターは、相手がクソ真面目に合法性を尊重したので予想以上に成功した。政変の秘密工作に奔走したのは伊藤であり、それを容認したのが伊藤の操り人形である大室寅之祐こと明治天皇であった。

天皇が対朝鮮和平論の西郷を裏切って帝国主義を主張する帰国グループに国を任せたとき、のちに徴兵制を施行して英米の手先となり、英米の武器を使って中国大陸を侵略するという日本と日本人の悲惨な運命が決定されたのである。

この天皇の決定は、のちに二・二六事件で皇道派を弾圧した昭和天皇と同じく、重大な失政であった。英米は自分たちが猿回しになって日本に猿の役割を演じさせたのであるが、その日本の指導者はさらに自分たちが猿回しになって国民を猿として扱った。このような天皇と使節団の不法を国民の目から逸《そ》らすために、白を黒といいくるめる『西郷征韓論』なるものが作られたのである。

大久保や岩倉はすでに英国との密約によって徴兵制を施行し、やがて朝鮮や中国を侵略することを決意していたが、そんな非道なプランを西郷が承認するはずはないから、西郷の弟の従《つぐ》道《みち》を引き込んで、『兄が朝鮮へ行けば必ず殺されるし、そうなると戦争になる。いま戦争すれば、外国の食い物になるばかりだ』と言わせて、『西郷訪韓』反対の論陣を張った。これは岩倉たちが人の良い従道に吹き込んだデッチアゲで、本音は『徴兵制を敷いてから朝鮮を侵略する』ということであった。

岩倉は三条に代わって自ら太政大臣代理になり、ついに西郷の訪韓決定を覆《くつがえ》したが、西郷はこのとき篠原国幹《しのはらくにもと》に、『大久保らは、なぜ、わしが使節として朝鮮へ赴くことを開戦に結びつけてしまうのか。今のうちに朝鮮との国交を整えておくことが、日本の将来にとって最も大切なことじゃ』と言い、参議を辞して故郷鹿児島へ帰ってしまった。

このときの西郷が正しかったことは、のちに十五年戦争（太平洋戦争）の敗北によって明らかとなる。岩倉使節団は西郷を抱き込もうとしたが、結局西郷が協力しないことを悟って、イギリスとの密約を教えなかったのであろう。

しかし、このような侵略戦争への参入は、本来、南朝革命を完遂すべき維新政府のなすべきものではなかった。当時の日本には全く別の選択、すなわち『南朝革命の大義宣言と列強の帝国主義的侵略に対するアジア諸国の団結』という〃大アジア的な国策〃を行うこともできたのである」


一八七七年（明治十年）二月、大久保内務卿の命を受け鹿児島に派遣された警視庁スパイ団の〃挑発〃に乗った私学校生徒たちが暴走を始め、ついに西南の役が起こった。西郷隆盛は黙々として薩摩隼人の先頭に立ち、チェストーの隼人軍団は奮戦すること八カ月余、ついに九月、荊冠旗《けいかんき》は地に落ちて「南朝革命」の大義は失われた。

そして、大西郷は城山に自刃して星になった。

明治天皇と被差別部落民解放令

明治新政府になってから西郷は宮中で、角力《すもう》にかこつけて明治天皇をなぐり、女官あさりを止めさせようとしたことがある。そのとき「言うことを聞かれませんと、元の身分に戻しますぞ」と言って叱ったというエピソードが残っている。

岩倉使節団は外遊中、醜態をさらけだしたが、それとは対照的に、西郷隆盛、江藤新平らの留守政府は次々と改革政策を実行した。

まず、四民平等の原則に則《のっと》って士農工商の身分差別撤廃に着手し、武士特権の解消をはかる一方で、国民すべてに結婚や職業選択の自由を認め、農民に耕作の自由や土地の所有権を与えた。被差別部落民解放令、人身売買禁止令なども布告した。国民皆教育の路線を敷き、裁判所を開設し、徴兵制を導入した。また、鉄道・電信を敷設《ふせつ》し、太陽暦も採用した。憲法・民法制定や国会開設の準備にも着手している。短期にもかかわらず、これほど目覚しい業績をあげた政府は史上まれであるといえよう。

西郷らの政府がこれだけの大成績をあげることができた理由の一つは、皮肉なことだが、岩倉、木戸、大久保らが不在だったからである。

西郷の留守政府が「部落解放」を断行したことは、明治政府の誇るべき功業であった。

西郷の自決後、明治天皇は両戦役には批判的であったが、日清、日露の両戦役の後になって、ようやく西郷の誠意を悟り、「朕を本当に思ってくれたのは西郷ただ一人であった」といって泣いたという。西郷が生きていれば、日清、日露の戦争はなかったかもしれないが、天皇の気づくのが少し遅かったと言うべきであろう。

明治政府の「歴史偽造」

朝鮮民族がいつまでも本当の歴史を学ばず、中国と日本の偽史体系に従属している限り、真の民族独立はありえないであろう。しかし、「偽史作成」は中国と朝鮮こそ本場であった。かつて秦始皇帝による「焚書坑儒」のほか、新羅は、扶余《ふよ》のウガヤ王朝史と駕洛《から》（伽耶《かや》）史を焚《た》き、高麗（高句麗）は新羅の史書を焚《た》き、李王朝は高麗史書を抹殺するという、朝鮮総督府による焚書《ふんしょ》の先例を作った。

日本と中国では歴史を改ざんしてから焚書したのだが、朝鮮では史書を先に抹殺したから改ざんもできない程であった。

しかし、総督府の焚書が学術調査の体裁で行われたという事実は、かえって、その目的が、天皇家の朝鮮隠し、すなわち、白村江ののち亡命者である百済王一族が天皇家を創ったという歴史的事実の秘匿であったことが分かる。

また、古墳時代における新羅焚書と、その後に続く百済人・桓武（天皇）焚書の逆輸出であったことをも教える。桓武の百済系王朝が亡命地の日本で「古文書」を焚書し、その子孫である明治王朝が、日清戦争ののち、本国の朝鮮でも焚書した。

このように考えると、日本は朝鮮から教科書問題などで告発されているが、朝鮮こそ実は「焚書の本場」であったことが分かる。

朝鮮総督府の修史委員会は、「大正十二年（一九二三年）七月、黒板顧問が対馬に史料探訪を行ったとき、朝鮮にある文書古記録等が多数対馬旧藩主宗伯爵家にあることを知り、古文書類六万六千四百六十九枚、古記録類三千五百七十六冊、古地図三十四枚、古画類十八巻および五十三枚を購入した」と述べている。

全州李氏の一人であるという李承晩（大統領）は、当然このような史書の返還を要求すべきであったのに、李朝の偽史政治を引き継ぐ考えで要求しなかったのだろうか。

徳川時代、釜山の草梁に倭館という対馬藩宗家の出張所があって、宗氏の書庫には日韓交渉史の貴重な資料が山積みしてあった。

朝鮮総督府がつくられた後、ソウルに居座った東大の「偽史シンジケート」幹部は、韓国古文書類の掠奪によって、「いつ、どのようにして、扶余・百済・駕洛・安羅・新羅などの諸王が、日本の天皇と書かれたか」が明瞭に記されていることに驚愕《きょうがく》した。

そうであれば、対馬の宗氏からも同種の文書をとり上げてしまわなければ危険だという判断に達したと考えるべきであろう。孝明天皇を殺害した岩倉、中山、大久保、木戸、伊藤ら勤皇党の志士たちが実行した「閔妃《ミンビ》虐殺」事件を朝鮮侵略のスタートとすれば、この大掛かりな「総督府焚書」は侵略の総仕上げであった、ということになる。

偽史シンジケートの指揮官として指弾さるべき黒板勝美氏は、有名な東大国史学教授である。黒板氏は自著『更訂・国史の研究』のなかで「天皇が日本国を建てたのではなく、日本という国はおのずから悠遠の昔から肇《はじ》まったのだ。だから建国ではなく、肇《ちょうこく》国でなければならない」と言って、凡人にはちょっと分からないような珍説を披露した。

この書は一九三七年、日中戦争が始まった年に出版されている。本書を一読した井上清氏は、「中国侵略戦争に全国民を動員する思想的基準の書」と酷評している（『日本帝国主義と国史学』）。黒板氏はこういう人だからこそ、戦前の東大教授になれたのであろう。

この連中のやったことは、井上清氏の酷評すら十分でないくらいで、良心ある人々にとって日本人であることが恥ずかしくなるような〝蛮行〟である。現代の国史学者は、史学研究の発足に当たって、明治（伊藤）憲法の下でこのような蛮行が行われたことを繰り返し語る義務があり、それを怠っている偽史シンジケートの後継者（皇国史観論者）たちには、歴史の真実を語る資格はない。いまや、歴史学の解放こそ急務というべきであろう。

はるか昔、日本列島に渡来した中国人や朝鮮人がでっちあげた「記紀」中心の日本史を、今こそ真実の姿に整備し直すことが必要であると思う。

〈著者紹介〉

中原　和人（なかはら　かずと）

生体科学研究所所長を務めるかたわら、時代考証家としても活躍。2007年12月死去。著書に『封印された古代日本のユダヤ』『教科書には絶対書かれない古代史の真相』（共著）、『色・音・香りの健康法—波動医学入門—』（以上、たま出版）がある。

松重　楊江（まつしげ　ようこう）

大正14年、山口県柳井市生まれ。元柳井市議会議員。

現在、㈱松重の会長職の傍ら、歴史研究家として活動。

柳井地区日韓親善協会副会長。柳井ライオンズクラブ会員。

鹿島昇氏の生前には氏との親交も深く、共著にて『歴史捏造の歴史２』『明治維新の生贄』（共著）（以上、新国民社）を著す。その他、『日本史のタブーに挑んだ男』『教科書には絶対書かれない古代史の真相』（共著）（以上、たま出版）など、著書多数。

失われた大和のユダヤ王国

2008年５月30日　初版第１刷発行

著　　者　中原 和人・松重 楊江
発 行 者　韮澤 潤一郎
発 行 所　株式会社 たま出版
〒160-0004　東京都新宿区四谷4－28－20
☎03-5369-3051（代表）
http://tamabook.com
振替　00130-5-94804

印 刷 所　図書印刷株式会社

ISBN978-4-8127-0256-7 C0011